釈迦の故城を探る

推定カピラ城跡の発掘

中村瑞隆 著

雄山閣出版

序　文

先に平成七年六月、立正大学ネパール仏教遺跡調査展の開催に当たり、『カピラ城跡を探る─ティラウラコット発掘三十年の回顧─』と題する小冊子を発刊したが、本年調査以来三十五年に際して、仏跡調査団長をして、発掘調査に当たられた立正大学名誉教授中村瑞隆先生が、八回に亘る発掘調査の様子やその成果について、さらには釈尊の居城であるカピラ城跡の所在についての諸先学の研究と論争について、又、余聞として発掘当時経験された興味ある話などを一冊にまとめて出版されることになった。これまでに先生が新聞、雑誌などに寄稿されたものが中心であるが、カピラ城跡についての大方の知識はこの一冊によって得られることになる。

未だカピラ城跡の確定には至っていないが、著者は「ティラウラコット遺跡こそカピラ城跡」であると確信していると述べられている。それには今後さらなる発掘調査研究の結果を待たなければならない。当時の関係者の中には故人となられた方々も多いが、近く調査結果の報告が刊行されるとのことである。

今後さらに本学が中心となって、日蓮宗をはじめ多くのご支援を得て、後学の士によって、この発掘調査が進められることを願うものである。

平成十二年三月

立正大学学園 理事長 田 賀 龍 彦

釈迦の故城を探る　目次

一　推定カピラ城跡・ティラウラコットを掘る

一、発掘に着手（第一次調査）

釈尊が出家以前、王子としてはなやかな青年時代をおくったカピラ城跡として世界の宗教学、考古学界の注目をあびているティラウラコット遺跡は、ネパールの南東、タウリハワ町の北方約三・二キロのところにあった。北に雪をいただくヒマラヤ連山を望み、南はヒンドスタン平原に連なる平原低地で、トラやヒョウ、コブラの住処となっているジャングルにおおわれていた。

カピラ城の所在地については、五世紀に渡印した法顕の『高僧法顕伝』、七世紀の玄奘の『大唐西域記』に記述されているのをはじめ、イギリス人のカニンガム博士による北インドのナガル説、ドイツ人フューラー博士によるサーガルハワ説、高楠順次郎、河口慧海によるバリガワ説などがあり、ティラウラコット説は、一八九九年、インド人ムケルジーによってとなえられてきた。だが『法顕伝』や『西域記』にある舎衛城とカピラ城の距離、方向とも必ずしも一致しない点も多いと批判され、決定的な判断を下すまでに至らなかった。

われわれ立正大学仏跡調査団（久保常晴団長ら十二名）は、一九六六年に行なった予備調査をもとに、ティラウラコットがカピラ城跡にまちがいないとの確信をもち、一九六七年十二月から仏教学、考古学、地理学などの立場から、ネパール隊の応援をえて調査に当たった。

ヒマラヤ連峰のスナップ

1　二つの重要な出土物

われわれは現地の人々がタブーとしている遺跡の北側のジャングルだけを残し、マンゴー、菩提樹、シシャムの大木のほか、草を刈り、灌木、雑木を切り払った。そこに東西四百五十メートル、南北五百メートル、外周を堀でめぐらし、その内側をレンガ塀で積んだ宮殿跡と思われる遺跡が姿をあらわした。レンガ積は四方にきれ目があり、釈尊が「四門出遊」によって出家を決意した門のあとであろうか。東北の片すみに水量豊かな蓮池、中ほどに水の枯れた池があって、八つの遺構もはっきりと認められた。遺跡は北西を流れるバーナガンガ川の第三段丘にあり、標高百二十メートル、まさに王君の居所にふさわしいものである。

考古学班は城址の中央枯れ池の北側遺跡に三メートル四方のグリット十六を設定、発掘に当たり、三日目に上層部から中世の室の跡らしいレンガ積み、その下約三メートルの層から北方黒色磨研土器とよばれる紀元前五世紀から紀元ごろの土器、付近の遺跡の切り通し断面からは、釈尊当時のマカダ国のコインを発見した。この二つの出土物から、ティラウラコットは釈尊時代と密接な関係をもつことが判明した。

ゴーティハワのアショカ王柱

2　遺跡の距離から確証

仏教学班は仏教遺跡研究家のタウリハワー博物館員ムキヤ氏の案内で周辺の遺跡十七か所を調査した。ティラウラコットの周辺南側は玄奘三蔵が『西域記』に記述したそのままで、いまも遺跡の東約十一・二キロの地にあるビブリには無数の土器片が散乱していた。その東四十・八キロのところにゴーティハワという村落があり、アショカ王の石柱が四メートルぐらいの高さで折れたまま残っていたが、獅子像も寂滅についてしるしたはずのアショカ文字もついに見られなかった。石柱から十メートルと離れていない、いまは三軒の民家が建っている小高いところにポーテチャイトヤがあるという記述をもとに、民家の庭を捜しまわったところ、古代レンガが敷きつめられた状態で発見された。またティラウラコットの東北約九・六キロのニガリサーガルの池辺には、柱身が二つに折れたアショカ王の石柱があり、はっきりと拘楼秦仏の名が読みとれた。西側約〇・八キロに釈尊の父、浄飯王の軍隊が駐屯したと伝えられている広大なチィタラコット、王の離宮跡といわれるニグリハワの東方約三・二キロにアラウラコットなどがあった。

玄奘が『西域記』にしるした遺跡間の距離を現代の尺度に読み直して歩いてみると、どこの遺跡からはかってもティラウラコットとカピラ城が重なりあった。邪馬台国のナゾならぬ、カピラ城のナゾはこうしてとけた。カピラ城跡はティラウラコットと判定した。第二次以降の本格的調査の開始にさらに大きな期待がかけられる。

仏教学の立場からみて、ティラウラコットがカピラ城跡にほぼ間違いないと判明したことは、釈尊の重要な遺跡がこれですべて明らかにされたことになるわけであり、出土物によって釈迦族の全貌もわかれば、釈尊はいわゆるアーリア民族であったか、またサカ族、蒙古系であったかも明らかにできるかもしれない。多くの学説が分かれている仏滅年代や仏典の成立、系統も判明し、仏教史が書きかえられることにもなろう。

インドの大衆を悲劇の淵におとしいれた四姓制度を確立したアーリア民族に対し、釈尊は四姓平等をかかげた。この反アーリア思想は同民族から生まれたものか、もし釈迦族がアーリア民族の由緒ある正統だとすれば、釈尊は幼少のころから、ヒマラヤのダウラギリを見あげながら、「自分のことだけしか考えない人間の欲望の小ささ」を心深く刻みこまれたのではないか、出家を思い立った一つの原因もここにもあるのではないかと思いながら、わたくしは白雪をいただいてそびえるダウラギリに思いをはせたのである。

ネパール政府は学問的にティラウラコットの重要さを確かめようと調査団に協力するとともに、ルンビニーとティラウラコットを信仰的センターとして釈尊の精神を高揚するため、東はバイラワの飛行場から西はネパールガンジ飛行場までの地域に巡礼と観光をかねた道路の建設に着手した。


（『読売新聞』夕刊、一九六八年二月二十五日）

二、進む発掘（第二次調査）

釈尊が太子シッタルタとして青年時代を送り、やがて出家を決意したカピラ城のナゾをとくため、立正大学ネパール仏跡調査団は、一九六七年にひきつづき、一九六八年十一月から六九年の二月にかけて第二次調査を行なった。

カピラ城に関する学術調査は、カニンガム（イギリス）、フューラー（ドイツ）、ムケルジー（インド）などが、それぞれ異なる説を出しているが、われわれは仏典や法顕、玄奘の紀行文を資料として予備調査を行なった結果、ムケルジーの主張したネパール王国のティラウラコット遺跡こそカピラ城であると、確信をもつにいたった。

一九六七年の第一次調査で、ティラウラコットが東西約四百五十メートル、面積二十八万六千三百九十五平方メートルの壮大な遺跡であること、八つの遺構が明らかにされ、紀元前一〇〇〇年から二〇〇〇年ごろの土器を多数発見し、この遺跡の築造時期が釈迦以前にわたることも確認された。

1　天然痘発生で作業難航

今回の調査は、ネパール側が西門とその周辺を地下五メートルまで掘り下げ、釈尊時代の遺構を明らかにすること、立正隊は玄奘の見たと考えられる遺構の調査を目的として、地下十センチ前後に見られる紀元三〇〇年ないし四〇〇年ごろのレンガ造り建築の基部と、一メートル前後からあらわれる別の遺構と遺物の関係を解明することであった。

ティラウラコットのあるタライ地方は、冬でも日中の気温三十度、雲一つない快晴の日が続く。両隊の動員する現地作業員は百三十人、順調に進んでいた発掘が思わぬ障害にぶつかった。発掘現場から一・五キロにあるゴーバリ村に天然痘が発生したのである。恐ろしい疫病は日を追って猛威をふるい、火葬にするための死体が、発掘場所から五メートルと離れていない城跡の縦断路を毎日運ばれて行く。やむなく作業も一週間中止した。

この地方では、天然痘が発生すると、赤い布を結んで村はずれに立て、疫病の発生した自分たちの村に近づかないように、不幸は自分の村だけで食い止めようとするのであった。今度のゴーバリ村、チラウラ村の天然痘患者は百十一人、死者は二十九人にのぼったという。

2 銅製のポットや貨幣も

一月にはいり、ネパール隊の西門の発掘では地表から自然層にいたる間は、六つの層からなっていることが明らかにされ、最下層と第五層からは、灰色の生地に黒の彩色のある彩文灰色のポット（BC一〇〇〇—七〇〇）数個が、ほとんど完全なまま出土し、第五、第四層からは北方黒色磨研土器、無文赤色土器やパンチ貨幣（BC六〇〇—二〇〇）、第三層からシュンガ期（BC二〇〇―一〇〇）の鉄の草刈りガマ、マキ割りオノ、銅のポット、また焼いた土器の輪を積んだ排水用の井戸、西門から城跡の中央に通じる道路も発掘した。

なかでも特記すべきことは、ネパール隊隊長ミシュラ氏が、城跡の北東三百メートルで、大ストーパを発見したことである。これは一月八日、ネパール、インドのラジオ、新聞そしてBBC放送によっても報ぜられているが、直径十五・七五メートル、高さ二・三〇メートルの完全な大ストーパで、原初の塔は仏陀時代に造られ、阿育王時代に修築、さらに二回の増築がなされているという。

ストーパからは、北方黒色磨研土器と、銀製のパンチコイン二枚も発見された。このストーパの出土によって、ティラウラコットが仏教と重大な結びつきのあることが明らかにされた。目下、円形のストーパを四分して、西北の部分の発掘を進めている。もしもストーパの中央深部から、さらに新しいものが発見されれば、カピラ城遺跡解明の前途には大きな光明となるであろう。

3　焼きレンガ造りの部屋

立正隊の考古学班は、第七号丘を発掘したが、めざす玄奘が見た石像は発掘されなかった。しかし焼きレンガを積み重ねたレンガ壁の方形、長方形の部屋や、レンガをしきつめた床に排水溝をそなえ、東に入り口をもった部屋などが発見された。紀元前五世紀ないし六世紀から後、数世紀にわたっている。遺物は灰色磨研土器片、神像や仏像を思わせるテラコッタ、仏教的蓮華の文様をほどこしたもの、青銅、銀製のコイン、人骨片、動物の歯などが出土した。また、遺構の一部に土器を焼いた跡と思われる多量の焼土と木炭片が、広い範囲に見られた。

釈迦族の発祥と経路について、リス・デビッツは、アーリア民族の一部は太古インド西北部に達し、ついでカシミールよりヒマラヤのふもとに沿って東南に進み、コーサラ国を経て、釈迦国に至ったものであろうとしるしている。灰色彩文土器は、西から東に移動し、アーリア民族と組み合う証拠があるといわれるから、遺跡にはアーリア民族が居住していたことが知られている。釈迦族の遠祖イクシャバーク王から釈尊の父シュドダーナ王に至る王統については数十、数百代を経ているという説もあるが、多くの経論には五王六王七王をあげているから、この遺跡がカピラ城であることが明瞭になれば、釈迦族の国造りの時期をさぐる大きな手がかりになることと思う。

立正隊のもう一つの班は、釈尊が開悟されてから初めて父王のために説法され、五百人の釈迦族を教化したところと伝えられるカピラ城の南にあたるニグローダ樹林と、釈尊の母マヤ夫人の出身地デーバダハ（天臂城）を調査した。

仏典には、釈尊誕生の地ルンビニーは、カピラ城とデーバダハ城の中間にあり、釈迦族とマヤ夫人のでた拘利族は、ローヒニー川をはさんで対していたとある。カピラ城を論ずるにはデーバダハとの関係を明らかにする必要があろう。

発掘光景

発掘光景

デーバダハは天臂と訳されるように、大ヒマラヤの前山山脈のふもとにある。ルンビニー県の県庁所在地バイラワから象で四時間余、東北に二十キロ。ジャングルの間に農村が点在している。ビチュヤ村の近くの大きな遺丘に五メートル四方の祠があり、マヤ夫人の母サニチャバデビと侍女たちの石像がある。山すそに向かってストーパの上にマヤ夫人の姉カンヤデビの石像、その東北のジャングルの中には彫刻のある大石がいくつもころがり、仏像とカンヤデビ像が立っている。

前山山脈のふもとには、レンガの大遺構があって、周辺一帯に散らばっているレンガ片は十数世紀もの長い年月を風雨にさらされて原型をとどめているものは一枚もなかった。土地の人々は、この四十の遺跡をデーバダハと呼ぶのだといっていた。

今回の調査によって、ティラウラコットの全貌が次第に明らかにされてきた。大ストーパの発掘は五月ごろまで続けられ、何らかのインスクリプト（碑文）が発見されることを期待している。恐らくは釈尊の生まれたとき、「この人はやがて悟りを開くであろう。自分は老人だから説法を聞けない」と悲しんだといわれるアシダ仙人のストーパではないかと私は考えている。

（『読売新聞』夕刊、一九六九年三月九日）

三、クライマックスの発掘（第三次調査）

釈尊の誕生、開悟、初転法輪、入滅の四大聖地はもちろん、釈尊とゆかりの地、祇園精舎や普賢山などもすでに明らかにされてきたが、太子時代を過ごされたカピラ城についてはいまだ明らかにされていない。立正大学ネパール仏教遺跡調査団は、予備調査の結果、ティラウラコットこそカピラ城であるとの確信をえ、一九六六年からネパール政府考古局と共同調査を始めたのである。

1　第三次の発掘

私たちの、ティラウラコットでの発掘も今度で第三次である。第一・二次発掘では遺物が少なかったこともあって、遺物全部をカトマンズに空輸した。一九七〇年十二月十五日、カトマンズからバイラワ飛行場へ、その後牛車で釈尊誕生の地、ルンビニを経て、現地にはいったのであった。一九六九年、一九七〇年に雨期の大雨で大きな被害があったと伝えられた発掘現場やキャンプの建物、研究所兼修理場のプレハブ住宅も幸いさほど大きな破損はなかった。

ところで、この地方は十二月、一月が一年中でもっとも寒く、朝の気温は六度、湿度は一〇〇％であるが、昼間は気温二十五度、湿度六〇％で、快適になる。

2　大量の古銭が出土

第三次発掘でも第一次、二次発掘と同様、私たちは、ティラウラコットの東北のすみにある大蓮池とほぼ中央にある枯れ池とを結ぶ東西六十六メートル、南北四十八メートルの第七号丘の発掘に主力を注いでいる。第七号丘の十五センチほどの表土をとり去ると、レンガの大遺構が現われ、その下に別のレンガの遺構が見られた。

私たちが、C―2―4グリット（発掘現場の区画の名称）の第二層（地表から五十センチの深さ）から大量の古銭が出土したという報告を受けたのは、十二月三十一日午前十時近くであった。古銭は縦約五十センチ、横のふくらみ約三十センチほどの小判型をした穴に埋められていた。そして一枚一枚が薄いねずみ色をした糊様のもので互いに密着していたので、それらを一枚ずつはがしていくのは大変根気のいる仕事であった。銭貨を数え終わった時は日没近くになっていた。その数は、何と二千二百五十三枚に及んだ。だれがどのような意図をもって、これらの古銭を埋めたものか、古銭に刻まれた図柄や文字はわれわれの考えている層位や年代とはたして一致するだろうかと、私たちはその夜、昼の疲れも忘れて、おそくまで語り合った。

3　出土品の数々について

元日は日本流に正月休みにした。初日は照りつける太陽を避けて思い思いに木陰にはいって、古銭のクリーニングにとりかかっていた。出土した銭貨は、大小二種類あって丸いが、いずれも完全な円形でなく、大型の方は、十円銅貨よりもやや大きく、厚さも約二倍半、小型銭は穴のあいた五十円ニッケル貨大、厚さ一倍半ぐらい。大型銭の図柄には十四種があり、比較的多いのは、表面は、とんがり帽子に長い上衣とズボンで、長グツをはき、シバ神のほこを持つ男の図柄で、裏面は、こぶ牛とシバのほこを持つ男が立っている。表面のこの中央アジア的衣装の人物のものは若干の異なりを示して数種見られた。これらは、二世紀の初めインドの大半を支配し、仏教の保護者でもあったカニシカ王の時代のものであった。

また、第二層からは高さ十センチ、くちばしから尾まで十二センチほどの青銅のクジャクが出土した。このクジャクは、今から約千九百年前の作品で、これほど美しく完全な形をしたクジャクはネパールのどこの発掘においても出土したことはなかったと、考古局長タッパ氏を喜ばせた。第三層からは黄金の耳飾りが二組出土した。重さ二十三グラム、このほか水晶やガラスの耳飾り玉やテラコッタ、そして、供物に用いられる小さい土器、穀物を入れる大型の土器はおびただしい量にのぼった。これらは総じてクシャナ王朝時代（一―三世紀）のものと考えられている。

第四・五層からは、シュンガ期（紀元前二―一世紀）の多くのテラコッタや九十グラムもあるアメジスト、古銭貨や鉛の耳飾りなど、第六層から十三層までは、紀元前六世紀から二世紀の土器、第十四層からは紀元前六世紀よりも古いと推定される灰色彩文土器の破片が出土した。

整理を見守る著者

遺構の修復中の光景

4　ルンビニ園

ここ数年来、ルンビニ園の調査を続けてきたが、一九七〇年夏、国連は仏教に関係ある国々の委員会からのアピールとルンビニ園の未来図を発表した。ルンビニ園の阿育王の石柱浴地、お寺の周辺は一九三四、五年にわたりネパール国のケーサル将軍によって発掘され、仏像・神像・古銭・土器など多大の成果を収めたのであったが、ネパール考古局は一九七〇年秋から発掘を開始した。阿育王の石柱に「ここで仏陀釈迦牟尼は降誕せられた……ルンビニの集落は税金が免ぜられ、しこうして生産の八分の一のみを払うものとせられた」と阿育王がルンビニを巡礼された時はただの密林でなかったことが知られる。

現在のところ、ルンビニの層位は十二層であり、ティラウラコットは十四層を数えている。ルンビニはカピラ城の園林であったことから考えて、この層位の違いは史実に一致するものと考えている。

（『読売新聞』夕刊、一九七一年二月七日）

四、さらなる遺構を求めて（第四次調査）

「幻の仏蹟」といわれるカピラ城は、釈尊が出家以前の青年時代を過ごした宮殿で、その位置

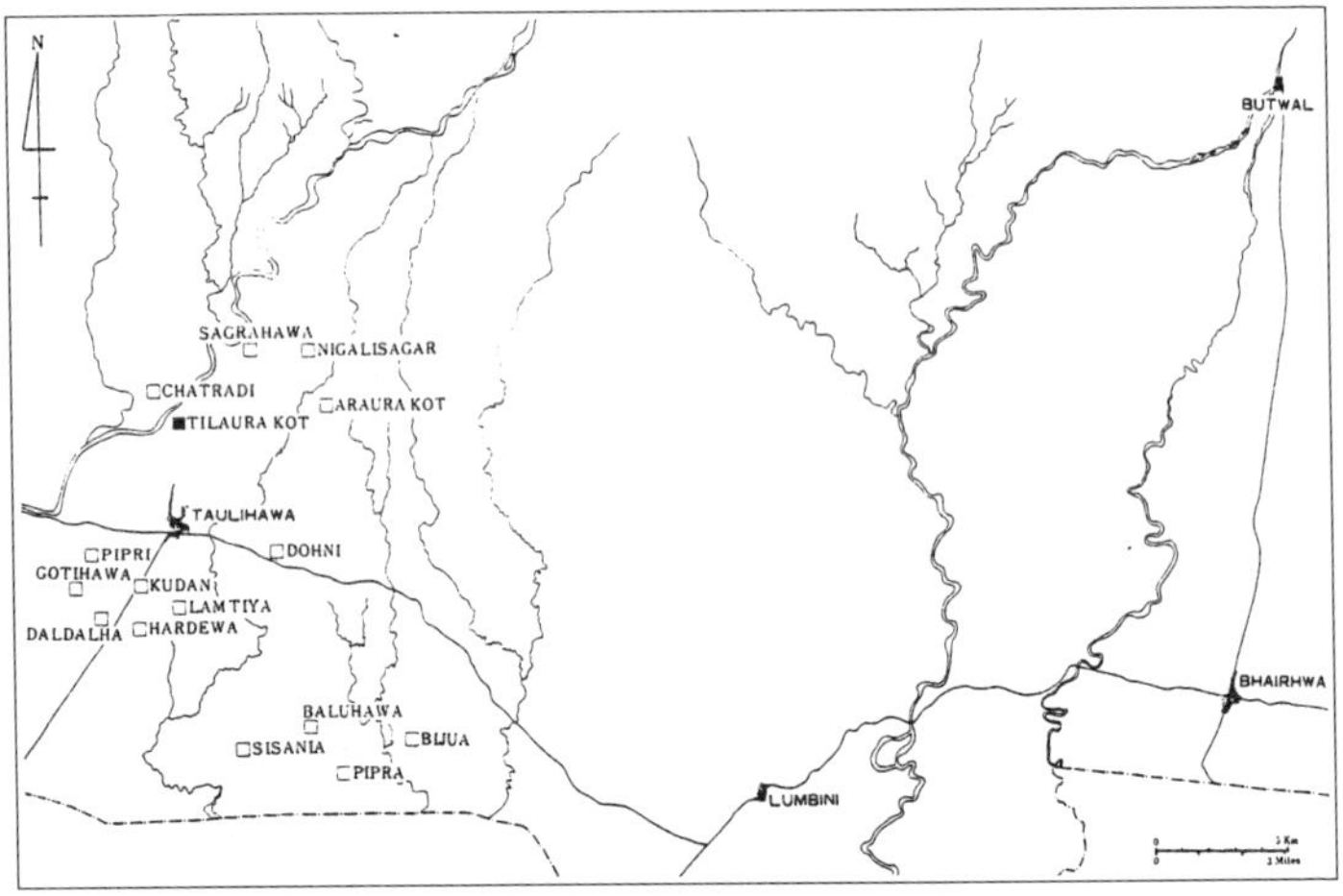

ティラウラコットの位置

についてはカニンガム（イギリス）のナガル説、ペッペ（イギリス）のピプラハワ説、ムケルジー（インド）のティラウラコット説などがあげられるが、立正大学ネパール仏教遺跡調査団は予備調査の結果、ティラウラコット遺跡が最も有力であるとの確信をもち、一九六六年ネパール政府考古局の協力を得て共同調査を始めたのである。

一方、インド考古学局は仏舎利（釈尊の遺骨）が発見されたピプラハワをカピラ城と推定して一九七一年から発掘調査を開始した。

今回は出発予定の前日に印・パ戦争で先発隊がかなり遅れ、ネパールにはいったのは一月も半ばであった。カトマンズは観光や登山・学術調査・仏跡巡礼の外国人の訪問で相も変わらずにぎわっていた。海抜四

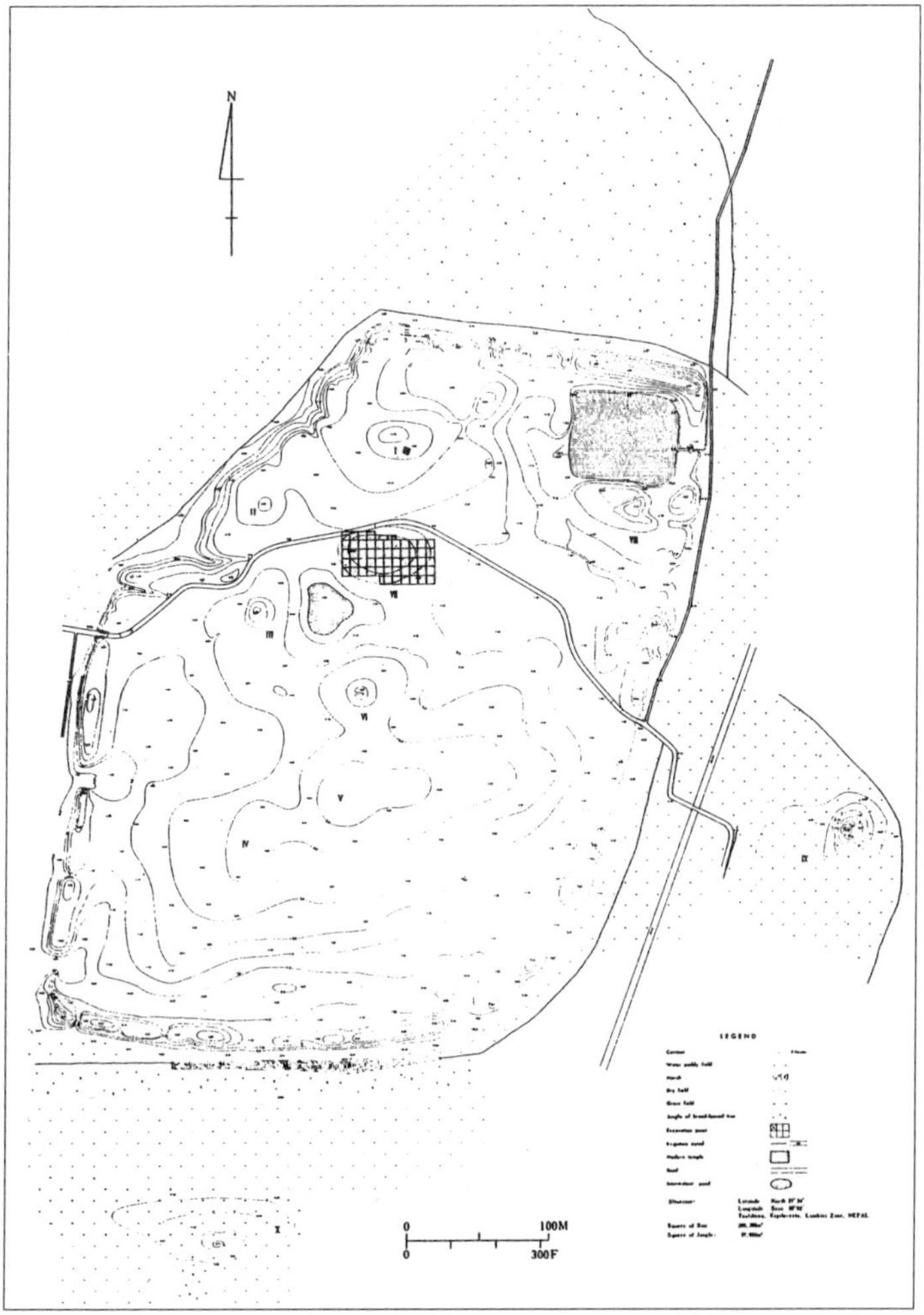

ティラウラコット遺跡全体図（実測：立正大学作成）

キャンプ内風景（左から２人目が著者）

発掘終了後の整備状況

千三百フィート（約千三百メートル）のネパールの首都は一月というのに日中の気温二十五度前後、空気はかわいていてまことにさわやかである。ヒマラヤの山々に囲まれた町を日本製の自動車が走り回り、日よけのカサをさして立っていた交通整理の警官にかわって今では信号機も取りつけられた。

ティラウラコットはルンビニ県カピラバスト郡タウリハワ町の郊外にある。この遺跡までのコースはカトマンズ空港から単発機で約一時間半、国境の町バイラワへ、バイラワから釈尊生誕の地ルンビニまで九マイル（約十四・五キロ）をジープで一時間半、牛車で六時間、ルンビニ～ティラウラコットは牛車なら十二時間はかかる。バイラワからの道は橋のない川をいくつか渡らなければならず、ジープは牛車のわだちに深くえぐられた悪路を揺れに揺れて走る。かわき切った路面からは全身白くなるほどの土けむりが舞い上がった。一九七一年だったろうか、バイラワの町の食堂で夕食にカレーライスを注文した時、団員の一人が、何か妙なものがはいっているというので見たら、とさかをつけた鶏の頭が目をむいているのには一同肝をつぶしたものであった。

第四次調査は前年に引き続いて第七号丘の重複した遺構の切り合いを調べること、遺構のない個所は深く掘り下げて地層と遺物を調査することを主眼として十一月中旬から発掘がはじめられ、三月末まで続けた。立正隊は団員七名、現地作業員八十名で午前八時から午後五時まで炎天下の作業を続け、夜は出土した遺物の整理に追われた。

今回もかなりの数の古銭・テラコッタ・北方黒色磨研土器・人骨二体が出土、人骨は二体とも北向きになっていたので、インドの人類学者ロイ氏にたずねたところ、日本のように死者は北向きにするという風習はないとの答えであった。遺構のわずか百平方メートルほどのところでは九本もの陶輪の井戸が発見されたが、その中の何本かから豊かに井戸水があふれ出てわれわれを驚かせた。しかし、玄奘三蔵の『西域記』に「カピラ城の内に浄飯王の像・麻耶夫人の像・白馬に乗った太子の像が安置される」としるされている決め手となるべき像の発見は今回も果たせなかった。

三月九日、立正隊四名、ネパール隊六名で、かねて予定していたインド領ピプラハワの遺跡を見学した。ルンビニから九マイルの地点にあるピプラハワを一九七一年はじめて訪れたときは、七十五年前ペッペやムケルジーが発掘したときのままであろうと思われる小山のような遺跡に三か所ばかり発掘の跡が見られただけであったが、インド隊によって見違えるばかりの発掘現場に変わっていた。インド隊は遺構の築造時期・ストーパと他の遺構との関係を調べることを目的とし、ストーパは過去に三回修増築が行なわれたこと、その東北側の遺構は比丘たちの集会所、東側の細かく間仕切りされた遺構は僧院であると説明してくれた。

ピプラハワ遺跡でわれわれが最も関心をもったのは玄奘が述べているカピラ城の堅固な防壁、東西南北の四門であったが見渡したところそれと思われる個所は見当たらなかった。

今回で第一期のティラウラコット遺跡の調査は終了した。過去五年間、四回の発掘で出土した彩文灰色土器、北方黒色磨研土器・古銭・装飾品・人骨・井戸などから判断して、紀元前六百年ごろのティラウラコットにはすでに人が住んでいたと思われる。しかし、決定的な物証を得るためには再びネパール政府と調印を交わし発掘権を得なければならない。今後はティラウラコットの遺跡だけにとどまらず阿育王の建てたゴーテハワの石柱、ニグリハワの石柱をはじめ周辺部の発掘調査も並行して実施したいというのが彼我の一致した意見である。

（『読売新聞』夕刊、一九七二年五月二十八日）

五、釈尊の遺跡を求めて

ここネパールの南境タライ地方は北にヒマラヤ連山を望み、南部はヒンドスタン平原に連なる湿潤低地で、草林と草林の間には大小の沼があり多数の小川が貫流し、虎、熊、鹿、コブラ、サソリのいる自然公園として世界的に有名な場所であり、マラリアのはびこる地域である。

1　ビルリ王子のくやしさ

このタライの一角をしめるタウリハワバザールの北西二キロにある場所こそ釈尊が出家以前、王子として華やかな青年時代をおくったカピラ城跡として世界考古学界の注目をあびていた場所である。

釈尊当時インドには十六の王国があり、その中でもマカダとコーサラは強国であって釈迦族の隣国はコーサラ国であった。コーサラのハシノク王はある日、小国ながら富と武勇と伝統ある釈迦族を訪れ、王女をみそめた。しかし釈迦族では、コーサラが強大を誇る大国とはいえ、新興であるとの理由から、良家の美女を王女といつわっておくったのであった。まもなく王子が生まれ、ビルリと名づけられた。ビルリは長じて武を練るため母の国を訪れたが、婢女の子であるとの悪口をうけて逃げ帰ったのであった。

ビルリ王子のくやしさと怒りとは、年とともに大きくなっていった。やがて、ビルリは国王となった。積年のうらみをはらすべく三度兵を出そうとして釈尊に説得された。四度目ビルリの大軍は釈迦族に迫った。

2 もの悲しい悲劇の地

釈尊はやがてほろびゆく人々の苦しみをみずからの上にあがなうためであろうか、それとも自民族がビルリ王に攻撃されて滅亡することを予見されてのことであったろうか、数人の弟子とともに暑い太陽の照る最中、枯木の下に座っていた。ビルリ王は釈尊に近づいてあなたはなぜに枯木の下に座っているのですかとたずねた。釈尊はだまって枯木を指した。釈尊にとって思い出多い宮殿が灰燼に帰し、釈迦族がせん滅されたのは釈尊の晩年のことである。

この悲劇の地に今は仏教はなく、読誦されるべき経も読誦されず、供えられるべき香華も供えられないせいであろうか。美しい太陽がヒマラヤの白雪に映える時刻になると、遠く近く森という森から山鳩のホーホーというさびしげな鳴声が聞える。それはまるで弔歌のようにもの悲しい。

3　釈迦牟尼の遺跡を顕彰

釈尊がなくなっておよそ二百年。インドを統一したアショカ王は、最後の戦いであったカリンガ大戦で築かれたおびただしい死人の山と河のように流れた血をみて「いかなる武力と権謀をもってしても平和の心のないところには平和のない」ことを知って仏教に帰依し正法を治国の大本としたのであった。

大王はまた一巡礼者として釈尊の重要な遺跡を顕彰して歩いた。現在重要な仏跡には頭部に四匹の獅子、一匹の獅子、牛などをいただく一大石柱を見るのであって、アショカ王の大石柱のあることが重要な仏跡であり一つの物的証拠となっている。

4　今なおイギリスを尊敬

われわれが今日インドを訪れてイギリスの占領政策がいかに巧妙なものであったかということは、いまなおこの国の人々が英国を尊敬していることからも知ることができる。イギリスは一七六三年英仏戦争によってインドを手中に収めると、政治経済方面ばかりでなく、文化の面においても予想外の努力を払った。その一つは釈尊の遺跡の調査であった。それは信仰心から発したものというより、学問的意義からであったが、そのために英国の東洋学者ばかりでなく他の国々の学者も招聘して行なわれた。

彼らは七世紀に中国から仏法を求めてインドに来た玄奘三蔵の『大唐西域記』を英訳し、玄奘の巡礼のあとを追った。一八七一年カニンガム将軍は五天を跋渉し『インド古代地誌』を出版した。そして北インドのゴラクブールの西方十マイル、オードホ地方のナガルをカピラ城跡とし、ナガルからコーハーナに横断する道程にあるバラデモクシャをルンビニーとした。

5　推定の域を出ない仏跡

しかし一八九六年、ドイツ人フューラー博士がインドのイギリス政府の招きによりネパールに入り、ルミンディにおいてアショカ石柱を発見し、その石刻文に「この地は仏陀釈迦牟尼の誕生せられた土地である」と記してあることから仏誕生地であることが確定したのである。同博士は仏誕生地ルミンディの確定したことから考えてカニンガム将軍のナガラをカピラ城跡とする説は首肯し得ないとして一八九七年ネパール国の発掘許可を得て、現在日本隊がキャンプしているラムガート北方約六マイルのサガルハワの遺跡を発掘し、多数の宝壺を発見、ここをカピラ城と推定した。

しかし同博士の発表のなかには妥当でない点があるとイギリス政府から批難され、代ってインドの考古学者チャンドラ・ムケルジーが一八九九年タライ地方に派遣され、今回、片山日幹日蓮宗宗務総長によって鍬入れ式が行なわれたティラウラコットの地を発見しカピラ城跡と仮定、フューラー博士の推定したサーガールハワーを釈迦族殺りくの地と断定した。このほかブイラ、ジュリアン、高楠順次郎、河口慧海など諸説粉々たるものがあって、まだ確定すべき証拠はもちろんそれぞれの報告も断片的で何一つ決定的な判断を下す物的なものはない。

なぜイギリスをはじめ世界の学者がこのカピラ城跡を明らかにしようと努力してきたか。それは単にまだ明らかにされていない釈尊の遺跡を探し出そうとか、誇り高い富の国であり悲劇の末路をたどった釈迦族の全貌を明らかにしようとするばかりではない。アーリア民族と原住民との間の侵入征服と接触同化の関係を文化、人類、思想、言語などの上から考察するのに重大な意義をもっているからである。

6　アーリア民族の足どり

このティラウラコットはタウリハワの町の北西二マイルのところにあるが、タウリハワは現在でも毎週火曜日には山岳に住む人々と平原の人々との交易する接点として、ルンビニ県の重要な市場であり、またネパールは西ネパールと東ネパールとの間にすべての点において相違が見られるが、タウリハワはその分岐点になっているといわれる。このことは中央アジアにたむろしていたアーリア民族が、インダス河上流に侵入しやがてガンジス河流域に定着するまでの足どりを明らかにするに必要な地点である。

7　奔走する立正の調査員

一九六六年十二月カピラ城跡として最も信頼しうるムケルジー説にしたがって、わたくしたちはティラウラコットを訪れ、阿含経典ジアタカ物語に出てくる地名を郷土史家を通じてたずね歩いたが、釈尊当時と現在との二千五百年という時間的距離がわたくしたちの調査方法をはばんだ。しかし釈尊の父シュドダーナ王と釈尊に何らかの関係をもつ十七カ所がこのティラウラコットの周辺にあることと二つの河名がわたくしたち予備調査員を勇気づけた。

現在ネパール政府のある人々は学問的にティラウラコットの重要さを確かめようとするとともに、他方ではルンビニと釈尊の宮殿跡と信じて疑わないティラウラコットを信仰的センターとして釈尊の精神を高揚し、東はバイラワの飛行場、西はネパールガンジ飛行場まで巡礼と観光をかねた道路を建設しようとしている。

8　もしや!に胸を躍らす

先日国連のウ・タント事務総長のルンビニ訪問があり、その後国連の事務当局がルンビニとティラウラコットを訪ねたのもこのことを裏書きしているのであろう。ネパール当局者がティラウラコット発掘に異常なまでに熱意をもやしているのもうなずける。

ティラウラコットと人類、文化、言語学上の関係はさておき、仏教学的立場から考察すると、ティラウラコットがカピラ城跡であることになれば、釈尊の重要な遺跡はこれによってほとんど明らかにせられることとなることももちろんであるが、釈迦族の版図も明らかになり、発掘による古陶器、人骨、炭、古銭などの出土によっては釈迦族はいわれるようにアーリア民族であったか、またサカ族か蒙古系であったかを明らかにすることができるかもしれない。仏滅年代に発言する証拠品がもし出たとしたらその影響たるやここに贅言を要するまでもないであろう。

9　四姓平等を掲げた釈尊

インドの大衆を悲劇の淵にたたきこんだ四姓制度を確立したアーリア民族に対し、釈尊は四姓平等の大旗を掲げた。この反アーリア思想は同民族から生れたものか。もし釈迦族が従来いわれてきたようにアーリア民族の由緒ある正系だとすれば、釈尊はご幼少の時からヒマラヤ連峰の西方に属する八千二百メートルのダウラギリをご覧になりながら〝自分のことだけしか考え得ない人間の欲望の小ささ〟を心深く刻みこまれたのではないかと思いながら、わたくしはいま青空に白雪を頂いてそびえるダウラギリをながめている。

（『日蓮宗新聞』一九六七年二月一日）

二　ティラウラコット発掘十年目の感懐

一、十年目を迎えた推定カピラ城発掘

釈尊の宮殿・カピラ城は、いずこであるかということは、今から百六十年前から、世界の歴史学・地理学・考古学・仏教学者たちによって、探し求められてきた。

1　カギをにぎる中国人の「仏跡巡礼記」

カピラ城を探す手がかりとしては、まず、仏教経典である。経典には、カピラ城の側を、バギラティ河が流れ、近くには、サッカラという町があったと記している。そこで必要となってくるのは、地理的にも詳しく書いている中国人たちのインド仏跡巡礼記である。

西暦四百年の始め、法顕三蔵は、十五年間インドに仏法を求め、『仏国記』という旅行記を残し、玄奘三蔵には、六三六年から十六年、仏跡を巡礼した『西域記』がある。

両巡礼記によれば、法顕も玄奘も、祇園精舎で名高い舎衛城から西北の拘楼秦仏、東南の拘那含仏の過去十二仏の遺跡を巡拝し、それからカピラ城を訪れ、次に悉太子釈尊が他の王子たちと争って、泉が湧き出した箭泉、東にご誕生のルンビニ園を参拝したと記録している。

しかし両記録には二つのくい違いがある。一つは、法顕はカピラ城の西、約五マイルで拘那含仏の霊跡を拝しているが、玄奘は東南だと記していること。もう一つは、法顕はルンビニ園とカピラ城の距離を約十マイルとし、玄奘は約十五マイルと述べていることである。

2　阿育王の大石柱がカピラ探索の目標

両記を比較してみると、玄奘のほうが詳しく、拘那含仏と拘楼秦仏とルンビニ園には、阿育(アショカ)王の建てた大石柱が、カピラ城の東北方と東南方の地点にあるとあって、カピラ城探索の目やすになっている。

今から八十年前、ルンミンディから阿育王石柱が発見され、石柱の彫刻に、「ここで釈尊が誕生せられた」と記していた。したがって、今のルンミンディ(ルンビニの遺跡)部落が、昔のルンビニ園であることが確定し、カピラ城を探す端緒を開いた。

3　二つの場所が有力候補地として浮上

すなわち、ルンビニ河地方の地図に、ルンビニを中心点として、西十マイルにある遺跡は、法顕の指摘したカピラ城。西十五マイルの遺跡は、玄奘のカピラ城と考えられた。そして、西南十マイルにピプラハワ(インド領)、西北十五マイルにティラウラコット(ネパール領)が浮びあがり、イギリスの著名な歴史学者ビンセント・スミスは、ピプラハワを法顕の参拝したカピラ城、ティラウラコットを玄奘のお参りしたカピラ城とした。

また、イギリスの仏教学の第一人者、リズ・デビッツは、釈尊の晩年、カピラ城は隣りの国のコーサラ国から攻撃され、滅亡したことを重視し、ティラウラコットは滅亡した古いカピラ城、ピプラハワは釈尊がご入滅遊ばされたのち、釈迦族が仏舎利を奉祀した新しいカピラ城と考えたのである。

しかし法顕も、玄奘も、カピラ城の一番大きい宮殿には、浄飯王（釈尊の父）の像が祀ってあり、そのかたわらには、摩耶夫人（釈尊の母）の像を祀った宮殿があったなど、十二も同じ物を見、それを記録しているのであるから、二つのカピラ城説は成り立たず、釈尊出家前のカピラ城は唯一つであって、リス・デビッツ博士の所論は、傾聴すべきであると考えられた。

ドイツのフューラー博士は、ティラウラコット周辺の広大な地域をカピラ城跡とし、前世紀末のインドの考古学者・ムケルジーは、ピプラハワとティラウラコットを部分的に発掘し、経典と『仏国記』『西域記』を照合して、ティラウラコットを除いてカピラ城はないと結論したのであった。

今世紀の始めから強い鎖国制度をとっていたネパールは、一九五一年、開国を宣言し、ヒマラヤ登山、遺跡発掘を許可するようになった。

われわれは、一九七七年、ティラウラコットの予備調査を行ない、ティラウラコットがカピラ城であると比定した。そこで立正大学学長・石橋湛山と、ネパール国王との間で、共同発掘の調印書が交換された。そして立正大学がティラウコットを発掘して十年になる。調査報告書は、図版編と本文編の二分冊を予定しており、図版編は、考古学の久保常晴名誉教授、坂詰秀一教授のご尽力によって、近く公刊される予定になっている。

4　インド考古局の発掘で舎利壺発見

インド考古局も一九七一年からピプラハワの発掘調査を始めた。九十年ほど前、大地主ペッペがピプラハワを発掘し、頂上から五メートル半くらいにおいて、砂岩製の大石棺を掘り出した。

その中には、四個の壺と水晶の鉢、そのほか金銀宝石などたくさんの副葬品が入っていた。それらの中で最も注目されたのは、ひとつの舎利壺で、古い文字が刻まれており、多くの学者たちは、「釈尊の舎利」と解読し、ピプラハワの塔は、釈尊入滅後、釈迦族が仏舎利を奉安した場所であると考えたのである。

5　ピプラハワの遺跡から舎利壺を発掘

一九七一年からピプラハワを発掘してきた調査官のスリバスタブ氏は一九七六年一月、インドの有力新聞の記者とのインタビューにおいて、ピプラハワの塔から仏舎利の入った二個の石鹼石の壺と、灰の入った三枚の皿を発掘した。そして塔の東側にある大僧院からカピラバストという文字のある壺を発見した。そして氏は〝この印章の文はこの論争を解決するために、考古学者たちが必要としている決定的な証拠である〟――と話した。

しかし、仏塔から仏舎利壺、僧院からカピラバストの比丘集団という印章が発見されたからといって、ピプラハワがただちに宮殿カピラ城と結びつくかどうか。この点について僧院と塔の遺跡を確定した氏は、同紙に「次の段取りとその古代の町を発見することである。大規模な発掘で大きな煉瓦建築を二つ見つけた。さまざまな遺物やこれらの建築の性質からいって、これが釈迦族の長、仏陀の父親・浄飯王の住居跡であることは、間違いない」と述べたのであった。

6　インド考古学界はピプラハワを重視

しかし、カピラ城に関心をもつ識者の間では、二大建築が果して宮殿と想定しうる建築遺構を持つものであるか、さまざまの遺物には、それを論証するに足るものが出土しているかが注目された。

その後、ニュー・デリーの国立博物館長・バナルジー博士は、四十個のシールの発見について「この一つの資料にもとづいて、カピラバストの証明をすることはできないだろう。この地域には多くの遺跡があるが、近くのどの遺跡もいまだに発掘されていないからである」と述べ、「ネパールのタウリハワ地区にあるティラウラコットを古代の町であると認めようとする主張は、依然として受け入れられている」と結んでいる。

釈尊が出家されるまでおられた宮殿であるためには、その遺跡から釈尊以前の遺物が出土し

ネパール考古局員との意見交換（向って右端が著者）

ティラウラコットのキャンプ光景

なければならない。インド考古学の権威・タパ博士は、〃最近の考古学的発見物〃の評論の中で、二大建築物から出土した遺物について、「釈尊の墳墓、テラコッタの仏頭、宝石、シール、仏教僧が行乞に用いた北方黒色研磨土器（紀元前五世紀～二世紀）など」をあげて「この場所の存続期間は、阿育王時代に始まり、紀元前三世紀の後半まで続いたと思われる」と述べているにすぎない。

7　疑問点の多いカピラ＝ピプラハワ説

一九七六年一月、ピプラハワの発掘監督官・スリバスタブ氏が、〃カピラ城発見〃を発表していらい、ネパール側から多くの質問や反論がなされたが、バナルジー博士の所論が発表されるや、ネパール考古局員・リジャール氏は、〃ピプラハワをカピラバストとしようとする夢物語は、終りを告げた〃とネパール紙上に記した。

スリバスタブ氏の対談記事のなかで、どうしても知りたいのは、ペッペ氏が大石棺を発見した地点から、わずか五十センチの下、二メートルと離れない所から、今回、二個の舎利壺を発見したことである。大石棺を安置した人たちは、五十センチ下に二つの舎利壺のあるのを知らなかったのかどうか。銘文がないのに、それを仏舎利と断定する論拠と大石棺の中の舎利壺との関係。発見された四十個の印章の中には「カピラバストの比丘僧団のもの」という種類のものがあるが、この舎利壺と前記の印章との関係や、その壺の印章についてなんら触れないのはなにゆえか。

バナルジー博士がいうように、インド・ネパール国境周辺には未発掘の塔婆遺跡がある。しかし、玄奘がカピラ城訪問の際、「宮殿の周りに三キロ余りの瓦を重ねて基礎としている」「宮城の南十キロに六メートルの阿育王石柱、その東北七キロに八メートルの石柱がある」と述べた記述を尺度として、私はこの周辺を一九七六年調査したが、記事にふさわしい大塔婆遺跡も、大石柱も、ティラウラコットを除いて見つけえなかったのである。


（『日蓮宗新聞』一九七七年十二月一日）

二、カピラ城の謎を解く発掘

釈尊が出家するまで青年時代を過ごしたカピラ城がどこかについては、十九世紀の中葉から末に至る五十年間に十指を屈する場所が考古・地誌・仏教学者たちによって報告されてきた。

カピラ城を探索する資料となる『法顕伝』と『西域記』には二重のくい違いがある。探索者のある者はそのくい違いのままに、法顕はインド・ネパール国境柱の第四十四に近いインド領のピプラワに、玄奘はその西北十三マイルにあるネパール領のティラウラコットに案内されたのであると解釈した。しかし法顕と玄奘がカピラ城内において見たものの同一性から、インドの考古学者ムケルジーは一八九九年ティラウラコットの調査を行ない、「ティラウラコットほ

小玉も見逃さないフルイ作業

遺構を掘り進める

どカピラ城と同一証明の資格をもつものはない」と述べたのであるが、確定を見ないまま前世紀の幕を閉じた。

一九五〇年王制復古をなし遂げたネパール国は私たち立正大学仏跡調査団と協同で九七年からティラウラコット、インドは七一年からピプラハワの発掘を再開した。

過去五回の立正大学の発掘によってティラウラコットから北方黒色磨研土器が赤色土器を伴って出土することが明らかとなった。それはインドのハステナプルやアヒチャトラなどから出土したテピカルな北方黒色磨研土器と異なり、むしろ祇園精舎で知られるシュラバスティとの関連において考えられるべきものとされている。

また、一九七三年のネパールの調査では三十二個のシルバー・パンチマークコインが出土し、そのうち九枚はマウリヤ王朝以前、十五枚はマウリヤ（BC三二五—一八五）、残りの八枚はシュンガ王朝（BC一八五—七三）、その他十四枚の銅貨はシュンガのミトラ・コインとクシャナ・コイン（AD一—二世紀）であることが確認された。

一方、インド政府は一九七二年のピプラワ古塔婆遺跡の発掘で、再び少量の遺骨の入った壺を発見、壺は北方黒色磨研土器と同時代に属する地層から出土したことからBC五—四世紀にさかのぼることができ、一八九八年ペッペの発見した舎利壺よりも年代的に古いと思われると報告されている。

また、一九七三年四月十四日のインドの新聞にはピプラハワから三十一個のシール（印章）

が発見されたことを伝えている。シールの文字は明瞭で、ＡＤ一―二世紀のもの、カピラバストに関係のある文字が読みとれるといわれる。

立正大学は一九七四年も十一月から四か月間、第二期五か年計画の第二次発掘調査を行なう予定である。発掘はティラウラコットの僧坊跡と思われる地点を中心に、僧が使用した道具やシールの発見を目標としている。ティラウラコットもピプラハワも、今後、ネパール、インド政府によって集中的に発掘が行なわれるであろう。その成果はカピラ城の確定とインダス河のパンジャプ地方からガンジス河の流域に移動して栄えた文化を明らかにすることに役立つものと思われる。

（『読売新聞』夕刊、一九七四年六月六日）

三　カピラ城跡所在地論争

一、釈迦の居城論争

釈迦が青年時代を送られた王城カピラバスト（カピラ城）の所在をめぐって、一九七六年来、論争がはなやかである。一九七六年一月にはインドの新聞に、失われた町カピラバストがインド領のピプラハワで発見されたと報道され、五月にはその報道に対してネパール仏教協会からの反論があり、九月にはインド考古学界の権威者が宮殿とみなされた大建築は僧院であると発表したのであった。

十九世紀の中葉からはじまったインド仏跡の所在を求める調査は約半世紀の間に四大仏跡はじめその多くを確認したが、主城カピラバストについては考古・仏教・歴史・地理学者が調査を続けたが、ついに確定をみるにいたらなかった。そしてインドとネパール国境に近いネパール側のティラウラコットが最も有力な候補地と考えられたが、インド側のピプラハワを推す学者もあり、またティラウラコットは隣国のビルダカ王によって破壊された旧カピラバスト、ピプラハワは仏滅後に釈迦族が仏舎利を奉祀した新しいカピラバストとする学者もあった。当時の国際情勢から前世紀の終わりとともに調査も幕を閉じた。

私たち立正大学仏跡調査団は、一九六六年からネパール考古局と協同して、ティラウラコットの発掘を手がけ、第一期五か年計画を終了し、現在第二期の発掘調査をつづけ、ティラウラコット＝王城カピラバスト説の確証をつかみたい、と取り組んでいる。

一方、カピラバスト論争の火付け役となったインド考古学調査団は、八十年前ペッペが仏舎利壺を発見したピプラハワの大ストーパ（塔）の発掘を一九七〇年から再開し、ここ数年の間に二個の舎利壺とカピラバストの銘文のある三十一個のシーリング（印章）や古銭などを発見したことを研究雑誌や新聞紙上に発表して注目された。

一九七六年一月二十三日のザ・タイムス・オブ・インディア紙はピプラハワ発掘の監督官が過去六年間の発掘の成果をあげ、それに対する結論的な所見を「歴史上名高いカピラバストを決定的に実証したばかりでなく、百年にわたる大論争に決着をつけたものである」と述べたのであった。

ピプラハワのストーパからは火葬にされた舎利の入った石鹼石の壺二個と灰の入った三枚の皿が出土し、ストーパの東側にある僧院からは四十個の円型の赤土素焼きの印章とカピラバストと記したポットの蓋を発見し、印章には二・三世紀の古いインド文字の銘文があり、「(印章を持参しているものは）天の子（クシャーナ・カニシカ王の寄進したところ）の寺に居住しているカピラバストの比丘たちのものである」と解読された。

ストーパと僧院の位置を確定した発掘監督官は「次の段取りは古代の町を発見することであった。大規模な発掘によって二つの煉瓦の大建築物を発見した。出土した種々の遺物や建築構造からいって、これが釈迦族の長、仏陀の父親であるシュドゥダナ王の住居群であることは間違いない」と。

　王城カピラバスト探索者たちにとって知りたいのは二大建築物をシュドゥダナ王の居城とする論拠であり、建築構造や配置、そこから出土した遺物と地層についてであった。仏典によれば五万五千の王がカピラバストに都を定めたとするもの。五、六代前と述べるもの。国は富み、宮殿は華麗であったと伝えるもの。釈尊の晩年には隣国から攻撃され滅亡したと記したもの。玄奘や法顕などの中国僧の詳細な巡礼記。また、ネパール仏教協会の反論には四十個の印章の中に「大カピラバストの比丘たちのもの」の銘文のある別種が含まれていたと記しているが、カピラバストと大カピラバストは同か異か。これらの伝承や記述や疑問に対し、ピプラハワから出土した遺物は一朝一夕には解明されない問題であっても、裏付けの糸口を与えるものであるか、それとも訂正すべき資料が発見されたかである。

　一九七六年九月の「インドにおける最近の考古学上の発見」の論文（バナルジー氏）の中には、ピプラハワから発掘された舎利壺と印章とガンワリヤ遺跡の大建築物にふれて説いているが、大建築物について、「中庭をもつ二十六部室と二十一部室のある二つの入り口付の建物であり、中から発見された日常生活品から見て、普通の房舎であり、宮廷と見なすには小さすぎ、田園地帯の個人の家としては大きすぎる。その構造からまさに僧院であると思われる」としている。

　前世紀の末、多くの学者による報告にもとづき最終的な判断をし、ネパール側のティラウラ

バナルジー博士のお嬢さん
（ティラウラコットのキャンプで。後方は仮設の食堂）

コットをカピラバストと比定したバナルジー氏は、比定に当たって仏教僧の巡礼記に従い八つの理由をあげている。①カピラバストの側にバギラティ河がなければならない。その周囲約三キロに及ぶ堅固な煉瓦造建物がなければならない。②カピラバストの南方約八キロと南東五キロにアショカ王の石柱がなければいけない。さらに法顕も玄奘もカピラバストを訪れているが大石柱を礼拝したことを記していることを付け加えなければいけない。そしてムケルジーは、「他のいかなる遺跡もティラウラコットとカピラバストとが同一と証明できる資格をもっているものは大石柱である。なぜなら正しい位置にあり、そしてあらゆる条件を満たしているのがこの遺跡である」と述べたのであった。ティラウラコットがカピラバストのあらゆる条件を満たしているのである。にもかかわらず、今回ピプラハワ発掘によって出土したシーリングは考古学界や仏教史に寄与するところが大きい。二つの舎利壺は釈迦の仏舎利壺と断定出来ないものであるが、ペッペ発掘の舎利壺の銘文は、釈迦族が仏舎利の八大聖地を奉祀し、アショカ王が奉祀の塔を建てるために起塔したという伝承の解明に役立ち、出土した古銭や土器は中インド北部の歴史の暗黒な部分に光を投げかけるだろう。

（『読売新聞』夕刊、一九七七年一月十七日）

二、「カピラバスト発見」記について

1　前世紀からの課題

〃失われた町カピラバストの発見〃という見出しで始まっているザ・タイムズ・オブ・インディア紙の切抜きが在印の友人から送られて来た。記事は、ニュー・デリーにおいてタイムズの記者スバシュ・キルペカル氏が、一八九八年に舎利壺（仏舎利壺と考えられてきた）の出土したピプラハワを、一九七一年から再発掘をしているインド考古学調査団の指導的学者スリバスタブ氏にインタビューしたものであった。

この報道のトップに「ここ数年の発掘は歴史上名高い町（カピラバスト）の実証を決定的にしたばかりでなく、この町の所在についての百年にわたる論争に決着をつけたものである」と述べている。

カピラバストは釈迦族の国、即ち釈尊の生国であって、釈迦族の国には八つの都市があったことが知られている。また都城でもあるが、ここでは宮殿を指すこのカピラバストこそ、釈尊が二十九歳で求道生活に入られるまでの青春時代を過ごされた都城である。この城跡を前世紀半ばから世界の考古学者、仏教学者、地理学者達が今日に至るまで探求して来たにも拘らず、ついに確定的な発見はできなかった（ここに区別しなければならないのは宮城カピラバストと仏舎利を奉祀したストーパ〈仏塔〉のあるカピラバストとは異なることである）。今回は、ストーパのあるカピラバストを発見したというのである。何はともあれ、仏教徒にとっては勿論、仏教史、インド史の研究の上からいっても、慶びに堪えないところである。カピラバストの所在についての百年にわたる論争の一端を窺い、残された問題について一瞥しよう。

2　法顕――玄奘の遺した謎と仏舎利壺の古代刻文の解明

カピラバストの探求は、五世紀初頭の法顕や、七世紀中期の玄奘などの中国巡礼僧の記録によって、祇園精舎で知られる舎衛城（現在のサヘート・マヘート）を起点とし、ここからの方位と距離をもとに行なわれた。しかし、これらの記録は今日のように正確な方位や里程を示すものではなかったから、探索者によって、それぞれ異なる遺跡や古塔婆をカピラバストに比定して、帰一するには至らなかった。

一八九六年、釈尊の聖誕を記念する阿育王の建てた大石柱がルミンディにおいて発見され、この大石柱の刻文の解読によって、ルミンディが仏伝にいうルンビニ園であることが確定した。ルンビニ園の発見はカピラバスト探索を容易ならしめた。法顕も、玄奘も、カピラバストから東方二十五キロ内外でルンビニ園に達しているから、ルンビニ園から逆に西方二十五キロ内外の遺跡に目標を絞ればよいからである。かくて、インドとネパール国境四十四標柱の南一キロ、ルンビニ園より西南十三キロの地にあるインドのピプラハワ村の遺跡と、ルンビニ園より西北二十三キロにあるネパール領のティラウラコットが注目を集めた。

一八九七年十月、イギリスのインド史の権威者ビンセント・スミスはピプラハワの遺跡を調査しているうちに、巨大なストーパや僧院の跡などを発見した。考古学者ウイリアム・ペッペはスミスの示唆により一八九八年、ストーパを縦横三メートル角に発掘し、頂上から三メートルの所で石鹼石の壊れた壺を発見し、それよりさらに二・八メートル下で砂岩製の大石棺を発掘した。この大石棺の中には四個の石鹼石の壺と水晶の鉢および金板や銀板・ビーズなどの沢山な副葬品が入っていた。この出土品の中で最も注目されたのは一つの舎利壺で、壺に引搔いたように刻されていた古い文字の刻文の読解は学者達の争点ともなった。オーストリアの東洋学者ビュラーは、

聖なる仏陀のお舎利の龕《がん》はシャーキァ族のスキテイ兄弟たちが彼らの姉妹たち、息子たちと妻たちとともに（奉祀したものである）

と翻訳した。すなわち、ビュラーは舎利壺に納められている舎利は釈迦族の人たちが奉祀した仏陀の舎利であると解読したのだ。ビュラーの解釈と多少の異なりはあっても、「仏陀の舎利」と訳したのは、イギリスの仏教学者リス・デビッツ、ドイツのインド学者ビシェル、フランスのインド学者スナール、ドイツの東洋学者リューダスらであった。

これに対し、イギリスの東洋学者フリートは、

これは小さい妹たち、子供たち、妻たちと一緒の良き名声をもつものの兄弟たちの、すなわち、仏世尊の親族の舎利の容器である。

と翻訳した。フリートによれば容器の中の舎利は「釈尊の親族である釈迦族のもの」ということになる。この解読に近いのがフランスの東洋学者シルヴァン・レヴィの訳である。

前訳が正しいとすれば、このピプラハワ出土の仏舎利こそ釈尊入滅後、釈迦族が奉安した八分の一の仏舎利であり、仏教教典の伝承をも裏書きするものであると考えてよい。「釈尊の舎利」であり、「釈迦族が奉祀した舎利」であるならば、ピプラハワこそカピラバストであると推論される。しかし、五十年にわたる多くの学者達の宮城カピラバスト探索の結果をふまえ、ペッペの後にピプラハワを検証したインドの考古学者ムケルジーは中国僧の記録を再検討し、宮城カピラバストの十キロ内に二本の阿育王石柱があるべきこと、不幸な死を遂げた釈迦族の

人々を葬った百千のストーパの存する位置、中国僧がカピラバストを訪れた時その周辺の状景を詳述しているにも拘らず仏舎利を奉祀するストーパについては何ら記するところがないなどから、宮城カピラバストはピプラハワからそれほど遠くない処に求めるべきであるとしたのである。

カピラバスト探索の困難の一つは法顕と玄奘との記録の相違による。法顕はカピラバストは舎衛城東方にある拘那含仏の塔から東にあり、ルンビニ園との距離は約十三キロであるといい、玄奘は、拘那含仏の塔から西北にあってルンビニ園から約二十三キロであるといっているのである。この法顕と玄奘の記録には二重の相違が見られるので、学者によっては法顕はピプラハワ、玄奘はティラウラコットと、二人は異なったカピラバストを訪れたとも想像した。しかし、法顕や玄奘が城内でみた記録、例えば釈尊の父浄飯王の故宮殿、母摩耶夫人の像、阿私陀仙人が出生間もない釈尊の相を占った所など、十を数えるものが一致しているので、玄奘と法顕の訪れたカピラバストは異なる、すなわち二つのカピラバストがあったとはなし難いのである。

3　新旧二つのカピラバスト説

これとは異なるが、その他にも二つのカピラバスト説がある。それは前記した仏教経典の伝承を受けるものであって、経論によれば、釈尊在世中、故あって、大部分の釈迦族は隣のコーサラ国の毘瑠璃王によって殺害され、少数は城を捨てて逃げたという。これによって、ドイツのフューラー、インドのムケルジーらは、ピプラハワの西北十九キロにあるティラウラコットからさらに北五キロのサーガルハワの多くの塔は、不幸な死を遂げた釈迦族の人々を供養した場所であり、ティラウラコットは本来の釈迦族の都城であるカピラバスト、釈迦族が釈尊の舎利を奉祀した所がピプラハワであるといい、これによってティラウラコットを旧カピラバスト、ピプラハワを新カピラバストと称する学者もあった。

これらの論争の後、ネパール国の鎖国政策もあって、半世紀を越える長い間、カピラバスト調査は終止符を打ったかのように見えた。

4　舎利壺とシールの発見

一九五〇年、ネパール国は民主主義国として鎖国を解いた。一九六七年からはネパール政府と立正大学はティラウラコットの共同発掘を始め、またインド政府も七一年からピプラハワの発掘を再開した。

ピプラハワ村はインド国ウッタラ・プラデシュ州バステ地方にあり、前記した大ストーパなどの遺跡は近くの小村の名に因んでピプラハワのストーパといわれている。

私がピプラハワを二度目に訪れたのは一九七一年一月二十二日であるが、前世紀末にペッペやムケルジーが発掘した後は誰人も手を触れることがなく、七十年間、蒼穹の中に静寂を続けているようであった。それがわずか一カ月後にインド政府考古局がスリバスタブ氏を発掘の監督官として、ピプラハワのストーパの発掘を始めたと聞いて驚いたものであった。

一九七二年、スリバスタブ氏は「ピプラハワにおける最近の発掘ノート」の一文を研究雑誌に発表された。それによって、前記のストーパの中心部（ペッペ発見の石棺より下）に煉瓦製の小室が二つ発見され、一つの小室には径七センチの石鹼石の壺があり、その中には黒く焦げた遺骨が入っており、蓋に使用された二枚の陶器皿も出土したこと。他の小室にも径九センチの石鹼石の壺があったこと。ストーパと同時期に属する地層から北方黒色磨研土器（前五世紀―前二世紀）の破片が発見されたこと。新発見の壺はペッペが発見した壺よりもさらに年代的には古いものであろうことなどを知ることができた。この二舎利壺が仏舎利壺である確証は考古学的にやがて発表されなければならないであろう。

さらにまた、一九七三年四月十四日、スリバスタブ氏は七三年の発掘の成果として、ストーパの東側の僧院跡から三一個のシール（粘土の丸い印）を発見したことを紙上に発表した。私はニュー・デリーの考古局でこのシールの写真を見せていただいたが、シールには確かにカピラバストという文字が読みとれた。

今回のタイムズの報道は過去二回に行なった発掘結果に加えて新たに九個のシールとカピラバストの銘文のあるポットの蓋を発見した成果を加えている。

シールには「デーバプトラ――天の子――の僧院におけるカピラバストの比丘教団の（もの）」という刻文がある。〔デーバプトラとはクシャーナ王朝第三世のカニシカ王（在位一四四

〜一七〇頃）のことである。」

このシールの発見によって、「これこそ考古学者連が必要としている決定的な証拠で、ピプラハワが真実にカピラバストであるという証明にこれ以上何が必要であろうか。」と述べている。

この報道は簡単なので、その趣意を充分汲み取ることが出来ないが、カピラバストとある出土品の刻文によって、ピプラハワの僧院とストーパのある所は宮城カピラバストの郊外か、あるいはその一部であったことは確認されたわけである。問題は新旧二つのカピラバストがあったのか、それともカピラバストは一つしかなくて、そこが四十個のシールの出た僧院と、二舎利壺の発見されたストーパからどの方向にあり、どれ位の距離にあるのかということである。ピプラハワが仏舎利を奉祀した所であり、かつ釈尊がその青春時代を過ごされたカピラバストでもあるとするならば、上述したような他の学者達が論証のために用いた資料と撞着する点はないか、もしあるとすれば、その点はどう批判され、取捨されているのであろうか。

5　仏舎利壺とされる理由

カピラバスト発見の報道はティラウラコットをカピラバストに比定する学者に対し、さらに次のように述べている。すなわち、

一、幾多の学者が長い間、はっきりした考古学的裏付けもないまま、ティラウラコットこそ

カピラバストであると主張した間違った確信の根拠は、中国の巡礼僧法顕と玄奘による記録である。

二、ペッペは巨大な砂岩の箱の中にあった貴重な品々の中に、刻文を記した壺を五個発見した。その壺の刻文には相異なる解釈がなされて来た。それは仏陀と釈迦族の人々のことについてである。その文字は紀元前三世紀のものであるが、仏陀が死んだのは前五世紀のことである。学者達は時間の違いを解決することができなかったのである。したがって二つのカピラバストという妙な論理を提出することになったのである。

三、ペッペの見つけた舎利壺はただの複製品だと思う。本物の壺はもっと深い所にあるに違いない。さらに深く掘って、私達が見つけたのは、仏陀の遺骨の入った本物の二個の壺と灰が入った三枚の皿であった。

というのである。しかし、この報道のみでは一般には理解し難いので、いささか解説を加えながら、卑見を述べてみよう。

この中で重要なのは二と三である。二と三は別々なものではなく、関連しているとみてよいから、一緒にして最初に考えてみたい。「ペッペの発見した壺は複製品で」「仏陀の死んだのは前五世紀で、ペッペ発見の壺の刻文は前三世紀のもの」と言っている点から察するに、スリバスタブ氏は刻文を「釈迦族の人々の舎利」と読解されたようである。この点について「釈迦族の人々の舎利」と最初に翻訳したフリートが「石棺の中にはおびただしい副葬品が入っており、

ティラウラコット遺跡東北方発掘のストーパ

その中には女性像・象像・ライオン像などの金板や銀板などがあって、釈尊への供養品というよりは、毘瑠璃王によって殺害された釈迦族の人々への供養品と考えられるものが少なくない。また仏舎利を奉祀するものであれば、一つの舎利壺で充分であると考えられるのに、数個の舎利壺が入っている。」とすでに指摘しているとおり、ピプラハワのストーパを仏舎利を奉祀するものとするには疑問がない訳ではなかった。しかし、ペッペがいうように、大石棺は良質の大砂岩を掘り抜いたものであり、掘り抜きの巧妙さ、大きさ、重量からいっても、また函蓋とともに立派であると報告しているから、製作にあたってはかなりの経済力と政治力のある人々の介在が考えられる。その石棺の中に入っていた舎利壺が釈迦族の人々の舎利を入れるために作られた複製品に過ぎないとすれば、前五世紀に殺害された釈迦族のために、誰人が前三世紀以後になって大石棺と多くの副葬品を供え、それまでどこかに安置していたものをピプラハワに改葬したか。そしてその人々は、石棺のすぐ下に煉瓦製の小室があり、中に二つの舎利壺のあったことを知らなかったのか。もし知っていたとすれば、何故、釈迦族と同様、仏舎利を石棺に安置しなかったか。知らなかったとすれば、後二世紀のカニシカ王も釈迦族の供養のために僧院を建て、また僧院の多くの比丘たちも釈迦族の菩提を葬っていたのであろうか。前三世紀か後二世紀の間に比丘たちは仏舎利が奉祀されていることを知るようになり、仏舎利のストーパを礼拝するようになったのであろうか。中国僧が巡礼した後五世紀から七世紀の記録には、カピラバストの近くで仏舎利を礼拝したとは記されていないから、その頃には仏舎利塔のあることが忘れ去られていたのであろうか。仏滅後、仏舎利の八分の一を奉祀したバイサリーのストーパは、直径七・六メートルであるのに比べ、このピプラハワのストーパは、約五倍の直径をもつ。これらからして、このストーパは不幸な死を遂げた釈迦族の人々のためではなく、仏舎利を奉祀したものと考えるのが自然であろうし、また、スリバスタブ氏によって大石棺よりさらに下で発見された壺も、今後出土品と考証しなければならないけれども、やはり氏のいわれるように仏舎利壺であろうと考えられる。

ピプラハワの大ストーパが仏舎利を奉祀したものとすれば、法顕・玄奘がカピラバストを訪れながら、この大ストーパについて一言も述べていないのはまことに不思議である。両僧の記録を全面的に無視するか、もし肯定するならば、少なくとも次のことは証明しなければならない。すなわち、玄奘は、毘瑠璃王によって滅亡された釈迦族の供養塔はピプラハワの西北方にあると言っているから、その塔を指摘すること。参考までに言えば、ティラウラコットを旧カピラバストに比定している学者は、ティラウラコットの北方五マイルの地点にあるサガルハワをその供養塔としている。

6　法顕・玄奘の記述を彷彿させるものがない

玄奘はカピラバストの周辺で、二本の阿育王石柱を見ているから、この石柱二本をピプラハワ周辺で発見しなければならない。あまり繁雑となるから一本について少しく言えば、玄奘はカピラバストの南約十二キロの地点にあった拘楼秦仏塔の前に、三十余尺の阿育王石柱があったと記しているのである。そのためピプラハワの南方約十二キロの地点に、ストーパと九メートル位の阿育王石柱を発見しなければならないということが残されているのである。

従来の学者は、仏教経典に説述しているカピラバストは毘瑠璃王によって攻撃され廃墟と化したという伝承を肯定して、ペッペ発掘の壺の銘文を「釈尊の舎利」と読んだ学者はピプラハワを新市のカピラバスト、ティラウラコットは旧市のカピラバストと理解し、「釈迦族の人々の舎利」と読んだ学者はピプラハワは首都カピラバストの郊外か一部と見たのである。すなわち、シールと舎利壺の発見された僧院と、ストーパのあるピプラハワは地域としてのカピラバストに属することは勿論であるが、都城としてのカピラバストとは同一ではない。紙上にも「この僧院とストーパの位置を確定したスリバスタブ氏は次の論理的段階はその古代の町を発見することであった。大規模な発掘で巨大な煉瓦建築を二つ見つけた」と述べている。果してその場所が釈尊出家以前の宮殿カピラバストかどうかである。

学者の一人は、ピプラハワには宮殿に比定するような遺跡はないといっている。玄奘が言う大遺跡を意味しているのであろう。ピプラハワの南一・五キロ弱にガンワリヤコットがあり、ガンワリヤコットの東南三キロにはピパルソンコットがある。

ムケルジーは、ティラウラコットを除いてはカピラバストを想定する場所はないとしたが、ティラウラコットの規模をもってしても、玄奘の「宮城の周囲五キロ強」には足りないと記している。

ガンワリヤコットもピパルソンコットも現在の地上からの所見では、玄奘の、周囲五キロ、「瓦を畳ねて基趾を成さず、峻固なれども空荒なること久し」という状景は見られない。釈迦族がカピラバストに定着した時代、毘瑠璃王の攻略などを含め、法顕・玄奘がカピラバストで見た記述を彷彿とさせるような発見が今後に残された問題ではなかろうか。いずれにしても現時点においては新聞に掲載された記事のみで、断定的な判断を下すことは適当でなく、さらに充分な学術的確証を得られることを望むものである。

（『大法輪』一九七六年八月号）

四　ティラウラコット発掘余聞

1　バーナガンガ川

カピラ城と推定されているネパール国境のティラウラコットの北側を、バーナガンガ川が流れている。源をヒマラヤに発する清冽な流れである。土地の人々はこの川をヒマラヤの美しい娘とよび、おいしそうに飲んでいる。

われわれのキャンプから百メートル上流の川岸で、死体を川水で清め、火葬が行なわれている。一九六八年の暮れ、天然痘が流行し多くの人が死んだ。若い母親は、発疹した子どもの死骸にほおずりして、永遠の別れを悲しんでいた。釈尊が、子を失い狂乱する若い母親に、死を知らない家から灯をもらってきたら子をよみがえらせてやると教え、真理の冷たさをさとらせようとしたことが思い出された。

経典は釈迦族の国造りについて、その昔福徳をもって天下を治めていた甘庶王に四王子があり、ゆえあって王に追われ、雪山の下、バギラティ川のそばに都を築くとしるしている。バギラティはバーナガンガの古い呼び名であるといわれ、釈尊が青年時代を過ごされたカピラ城を決める手がかりになる川である。

（『読売新聞』夕刊、一九六九年五月十一日）

ティラウラコットの北を流れるバーナガンガ川

ティラウラコット遺跡内のヒンドゥー教寺院

2 尼拘律樹林

釈尊が成道して後はじめて父王のため説法され、故国に帰られたとき宿った尼拘律樹林のことが、経典にしばしば出てくる。釈尊はここで義母から金らんのケサを受け、八王子と五百人の釈迦族の人々を教化したという。また玄奘はその樹林をカピラ城の南三キロにあって阿育王の建てた卒都婆があり、近くにもう一つの卒都婆があったとしるしている。

ティラウラコットの南三キロにサマイマイという社がある。一九〇〇年にこの周辺で見つかったマヤ夫人、弁財天、ドルガ神、カーリカ神の石像を合祀するため卒都婆の頂上に祠を造ったという。われわれはもう一つの卒都婆を捜し求めた。サマイマイから北東百五十メートルのところに直径十三メートルのレンガ層を発見したが、そこに二軒の家が建っていた。周囲をボーリングしていると、家の中から「あなた方は日本の方ですか。私はインドのものです」と話しかけてきた。この人はインパール作戦に参加し、除隊後インドから移住してきたが、雨期の豪雨に備えてかっこうなレンガ敷きがあると、卒都婆のうえに家を建てたわけである。

（『読売新聞』夕刊、一九六九年五月十八日）

3 西門を掘る

ティラウラコットには、毎年、牛の群れが草を求めてやって来て、ふみ荒らしている。現在、厚さ三メートル、高さ一・五ないし二・五メートルのレンガべいがめぐらされており、西側がいちばん高く残っている。

ネパール隊は、城壁内の西門の入り口と、見張り人のたむろしたと思われる遺構を発掘した。二世紀ごろの築造になるもので、入り口の幅は五メートル、城壁にそって小さい部屋がいくつもあり、陶輪の排水管を備え、望楼をもっていたといわれる。現在五メートル掘りさげられ、土層が下がるにしたがってシュンガ期（前二〇〇―一〇〇）、北方黒色磨研土器（前四〇〇―二〇〇）、彩文灰色土器（前一〇〇〇―七〇〇）が出土している。

玄奘三蔵は「カピラ城の周囲は十四・五厘、カワラを畳み、基趾は峻固である。城の四門の外にはおのおの精舎があり、中に老病死人沙門の像を奉っている」としるしている。西門はシッタルタ太子を死の諦観から、不死の道を求めさせた心決定の門である。

（『読売新聞』夕刊、一九六九年五月二十五日）

4　ラームガートのサドウ

われわれのキャンプのすぐ南側にラーム寺があり、北側にはラームガートとよばれる沐浴場がある。この地方はビシュヌの権化であるラーマと配偶神シータを信仰することによって至上の幸福がえられると説くインド教の一派が勢力を持ち、僧侶をサドウと呼ぶ。サドウは一生独身で、人々に説法する以外は、葬式とか祈禱などの俗事にたずさわることはない。からだにまきつけた二、三枚の白布とツエとラーマの英雄伝の「湖」という聖典が、サドウの所持品のすべてである。

彼らは定住が許されないから、夜具もなく、冷えこむ夜を一晩中焚火を囲んで明かし、暁天の星を仰ぎながら沐浴する。

この地方に見なれないサドウがやってきた。村人はマドラスのいきなサドウと呼んでいたが、賛歌集をふところに、左手に時計と指輪をはめ、右手に一弦の楽器を立て、人さし指でひいてラーマの名号を唱えていた。それは神に対する法悦の吟唱というより、物ごいのように思われた。

(『読売新聞』夕刊、一九六九年六月一日)

5 カピラ仙人の井戸

カピラ城の原語はカピラバストである。カピラは黄色、バストは住所、黄髪の仙人が道を修めた所という意味である。父王に放逐された四王子がカピラ仙人の住所に落ち着きやがて国を興し、城を作ったことに由来している。

ティラウラコットの周辺には、十数か所の廃墟があり、伝説が残されている。ティラウラコットの北東八キロにジャディコットがあり、カピラ仙人の住居跡といわれている。三、四世紀ごろの土器片が畑のそこここに散らばり、中央の小さな森の菩提樹の根もとにカピラ仙人の石像が根の成長によって、はめ込まれたように立っている。そばに古井戸があり、上の三段は石わく、その下はレンガで、緑色をした水面近くのレンガの割れ目に二匹の大きなコブラがとぐろを巻いていた。

トルストイが「懺悔録」に、曠野で猛獣に追われた旅人が、古井戸を見つけ藤蔓をつたわり降りたが、井戸の底には毒蛇が大きな口をあけていたという仏典を引用、人生の意義をさとることなど考えず、ただ生きることだと自分にいっても、わたしはそれをすることができなくなった、という言葉が思い出された。

（『読売新聞』夕刊、一九六九年六月七日）

6　アショカ王の石柱

ティラウラコットの南八キロ、ゴーテハワ村に、コンクリート塀にかこまれた泥の中に、折れた石柱がたっている。アショカ王がクラクチャンダ仏のために建てた石柱であろうと推定される。

われわれは村人を雇い、まず石柱のまわりの清掃からはじめた。はしご伝いに降り、バケツでたまり水をくみあげる。一日がかりの作業のあと、底に二十匹ばかりの大蛙がのこった。聖なる場所にすむ蛙である。村人は手を触れようとしない。蛙をつまみ上げた隊員に「アチャナイ!!（いけないことだ）」と口々に叫ぶ。つかまえた蛙を近くの池に逃がすのをみて、見物の人たちもやっと安堵し、めいめいに花や線香をもち寄って拝んでいた。

石柱はコンクリートの底板にのせてあるだけで、直径八十センチ、高さは三・二二メートルあった。部落の古老は、六十年前の大火のとき現在の場所の焼け跡から出てきたが、八メートル四方のコンクリート塀などは十三年前に造った、八年前には国王もおまいりをされていると言っていた。

われわれは石柱の近くに、ボデイチャイトヤと呼ぶ大卒塔婆を確認したが、今はこの上に家が一軒たち、付近にも十数軒の民家が集まっていて、柱頭には獅子像をいただくと『西域記』にしるされる残存部分は、発見することができなかった。


(『読売新聞』夕刊、一九六九年六月十五日)

7　サーガルハワコット

カピラ城は隣国のビルダカ王に攻められ、一族は虐殺されて滅びたと経典に出ている。また玄奘は、その殺戮の場所はカピラ城の西北で数百千の卒塔婆があると伝えている。

インドの考古学者ムケルジーが、釈迦族滅亡の地であると主張したサーガルハワコットは、ティラウラコットの北東五・五キロにあり、リンブサーガルとも呼ばれている。ティラウラコットよりもはるかに広くジャングルが続き、城壁はなく、確かな境界線はわからなかった。

ティラウラコットをたち、サーガルハワコットに通じるジャングルにはいると、道の真ん中に枯れ枝がうず高く積まれていた。これはジャングルを通る人が森の女神バンサプテデビに身の安全を祈って一枝ずつささげていったものだと聞き、われわれもそれにならった。少し行くと、そこここでトラの足跡をみた。

サーガルハワコットは、東側に長径二百メートルの大池と、三か所に円形の発掘跡があり、北側にレンガ片の散乱した大遺跡、西北のすみには小さなマウンドが隣接している。

ジャングルの外に山林監視所の山小屋があった。猛獣に襲われぬよう床下が二メートルもある。梯子をのぼって板小屋に敷きわらをいれ、ここをわれわれのベースキャンプにした。

午後四時を過ぎると案内の現地人は、トラが間もなく池の水をのみにやって来るからといって、早々にひきあげていった。

（『読売新聞』夕刊、一九六九年六月二十二日）

8　タウリハワの市

タウリハワは人口二万、カピラ郡でいちばん大きい町である。まだ電灯はついていないが、町の子どもの九〇％は小学校に行き「日本に追いつけ」が合い言葉である。

十三世紀ごろから十七世紀にかけて侵入してきた回教徒に、ヒンズー教徒、仏教徒は追われ、ティラウラコットの城下町であったこの町は全く荒廃し、復興したのは約百年前といわれる。

このタウリハワでは毎週、火曜と土曜の午後、町はずれににぎやかなバザール（市）がたつ。

穀倉地帯であるヒンドスタン平原の人々、ヒマラヤの前山山脈に住んでいる山岳民族、タウリハワの周辺五十五か村から、それぞれのカーストに応じた品物をウシ、ロバに積んで集まってくる。木陰には素朴な、しかしあらゆる生活必需品が並べられ、人々は地面にすわり込んで商いをする。穀物、野菜、駄菓子、牛乳の量り売りから、食器、衣類、アコーディオンのような牛皮製のふいごを使ういかけ屋まで出ている。カーストのいちばん低い魚屋、肉屋はバザールの奥に店開きする。

日が傾き、そろそろバザールも終わりに近いころ、素焼きの壺に少しばかりの灯油を求めて帰っていく老婆の、まるい小さな後ろ姿が心に残った。

（『読売新聞』夕刊、一九六九年六月二十九日）

9　チィタラコットを訪ねて

われわれのキャンプのあるラムガードから川を渡って北に一キロ、チィタラコットの広大な廃墟がある。ここは釈尊の父浄飯王の軍隊駐屯地であったと伝えられ、ジャングル化した廃墟には大小六つのマウンドがあり、中央部に女神サマイの祠が、二つのマウンドには発掘溝がみられた。

この廃墟の近くに、数十年まえ北インドから入植した人々の小さな部落がいくつかあった。茅ぶきで窓が一つもなく、牛糞と泥をこね合わせた壁の家が三、四十軒ずつ寄せ集まって、それぞれ天国の村、シバ（神）の村、ガネシュ（神）の村、聖者の村と呼ばれていた。キャンプから百メートル上流の川岸が火葬場であり墓場なのであるが、その向こうにあるから天国の村というのか。正直で人の物をとることなど全くないこの人たちが、サソリとコブラとトラのジャングルに、神の村を築こうということであろうか。

一年ぶりで村を通ると、はだしで牛の番をしていた子供たちは、われわれをよく覚えていて「サヘイ・ミタイ!!（おじさん、お菓子ちょうだい）」と集まって来た。チューインガムを出して一つずつ持たせると、パクリとのみ込んでしまったので「かむと甘くておいしいよ」といったら、瞼に悪霊よけの墨（アイ・ライン）をいれた童女は泣き出しそうな顔をしてわれわれを見上げた。

（『読売新聞』夕刊、一九六九年七月六日）

10　猛暑の季節

この地方では三月になると、きまって週二日ぐらいは、稲妻と雨を伴った風速三十メートルの西風が吹き荒れる。いよいよ猛暑がやって来るのである。四月にはいると気温はもう摂氏五十度まで上がり、隊員はその耐えがたい暑さに呼吸するのもやっとの思いで、食事もインドカレーとお茶づけがわずかにのどを通るだけであった。ここでは、午前十時から午後三時までは人はもちろん牛も犬も外を通るものはない。万物、日陰をもとめて休息する時間なのである。

そのころである。一九六八年十二月、城跡の東北で発掘された大ストーパの近くで、また一つストーパが発見された。四月十二日付けのマザーランド紙は「大ストーパの北側にも直径七・五メートルのストーパと、南側には仏教寺院と思われる遺跡を確認した。ティラウラコットと仏教の古代の関連については、もはや論争を必要としない。発掘作業はさらに続けられ、ストーパの修理と整備もまたなされるであろう」と報じた。

われわれが、第二次調査のためティラウラコットに来てから、すでに六か月が過ぎていたが、昼はトレンチの中でマラリヤ蚊、ヒラリヤ蚊に刺され、夜は蚊帳の目をくぐってはいって来る小さな虫群に悩まされて、その昔、浄飯王が太子シッタルタに、春、夏、冬と季節に合わせた三つの宮殿を造って与えたと伝えられるのも、はじめてうなずけるのであった。

（『読売新聞』夕刊、一九六九年七月十二日）

付

一、迦毘羅衛城趾考

岡　教邃

一　緒　論

釈迦牟尼大聖降神胎生発育の聖地たる迦毘羅衛城は仏教徒の等しく巡礼の霊場として渇仰する所なり。古に法顕玄奘等の三蔵等しく此聖地に詣で仏国記と西域記とを後代に遺せり。然るに今や法滅盡の時三宝は外道回教の蹂躙する所と成り、堂塔伽藍其跡を地下に埋没せられ、道絶え人跡稀に叢林鵲巣と化するや年久し。然るに英国の大志を夙に東洋に伸すや、率先して西域記を英訳し依つて以つて印度攻略の資と為せり。玆に於てか先づカンニングハム将軍五天を跋渉し、印度古地誌の研究に指を染めし已来、諸学者競ふて此研究に従事せしかば此学大に興り一世を風靡せり、就中聖迦毘羅衛城趾に関しては先にカンニングハム氏続いてフユーレル氏ムカルジー氏等踵を接して此が実査を行ひ各自聖城の仮定地を発表せり。然るに此等は法顕玄奘両記と実際とに拠るに猶未だ首肯する能ざる所なり。仍つて玆に一文を草し予が新に発見せし此聖城趾について述べんとす。

二　カンニングハム氏の聖城仮定地

英人アレクサンダー、カンニングハム氏は西紀千八百七十一年（明治四年）の著「印度古地誌」（The Anciet Geography of India, by Alexander Cunningham）の百十四頁已下四百二十頁に至るの間聖迦毘羅衛城趾に関し所述する所あり。同氏は西紀三百九十八年より四百十六年まで前後十八年間入竺せし支那東晉法顕三蔵の「高僧法顕伝」竝に西紀六百二十九年より六百四十五年まで十六箇年を入竺求法の浄業に費せし支那唐朝玄奘三蔵の「大唐西域記」とに憑拠し、聖城趾を探尋して英領印度オードホ地方のナガル（Nagar）の地を以て此城趾と仮定せられたり。而して此ナガル（町の義）なる地は舎衛城趾なるサヘートマヘート（Sahet-mahet）よりアソクプール（Asok-pur）に至る距離を四十一哩半とし、アソクプールよりナガル間を四十哩と計ずればサヘートマヘートよりナガルまでの距離八十一哩半と成るべし然れど此間の里程測量未不正確に属すれば八十五哩より少からずと思考せらる。故に法顕三蔵の舎衛城より東南行十二由延にして迦毘羅衛城の西減一由旬なる拘楼秦仏本生城に至りしと曰ふ約九十哩の距離に相当すれば則ち此ナガルを以て聖城趾と仮定せられし所以なり。而して釈種八王子が得度せしロヒニー河（Rohini）をナガルの東方約六哩を距て、東南に流るゝ今のコーハナ河（Kohana）とし、拘梨城（Koei）は疑はしきもナガルの東方十一哩に在るアムコーヒル村（Amkohil）を以て之れに配し、又ナガルよりコーヒル（或は又 Kohana とも称す）に横断する道程に在るモクソン（Mokson, or Paradi-Moksha）と称する一小町を嵐毘尼園に当て、カルワーリカハース（Kalwari-Cahas）を以て拘那含牟尼本生城に、サバイプルサ（Subhay-Pursa）を拘楼秦本生城とし、サルワンプール（Sarwanpur）を以て箭泉塔跡と推定せり。然るに西紀千八百九十六年十二月（明治二十九年）博士フユーレル氏印度英政府より派遣せられてネパール国に入り、ルーミンデーヴヰーに於て阿育王立の石柱を発見し、此石刻文に因りて此地が仏誕地嵐毘尼園の故跡なる事を立証確定せられし已来終に将軍カンニングハム氏の嵐毘尼園迦毘羅衛城の仮定地は倶に其説根底より瓦壊せられたり。茲に於てかフユーレル氏の新仮定出でし所以なり。

三　フユーレル氏の聖城仮定地

独乙人フユーレル氏の聖城趾をネパール領土内に求めし動機を記さんに、茲は西紀千八百九十三年三月（明治二十六年）印度パイラートに於けるバルラーンプールの地方政官ジヤスカランシングハ氏（Jaskaran Singh, Bairat, Balrainpur）に依りて曚昧なるネパール領内ネパールガンジ附近のパルガナコルホワと名くる地の叢林中に於て阿育王立の石柱を発見せりてふ新記事（Pargan-Kolhwa of Tahsil Nepalgunj）発見二箇年の後ち新聞紙に発表せらるゝや世界の考古学者間に多大の希望を抱かしめたり。茲に於てか西紀千八百九十五年（明治二十八年）三月フユーレル氏（Dr Führer）拓本を取らんが為に率先して彼地に出発せらる。然るに幸か不幸か終

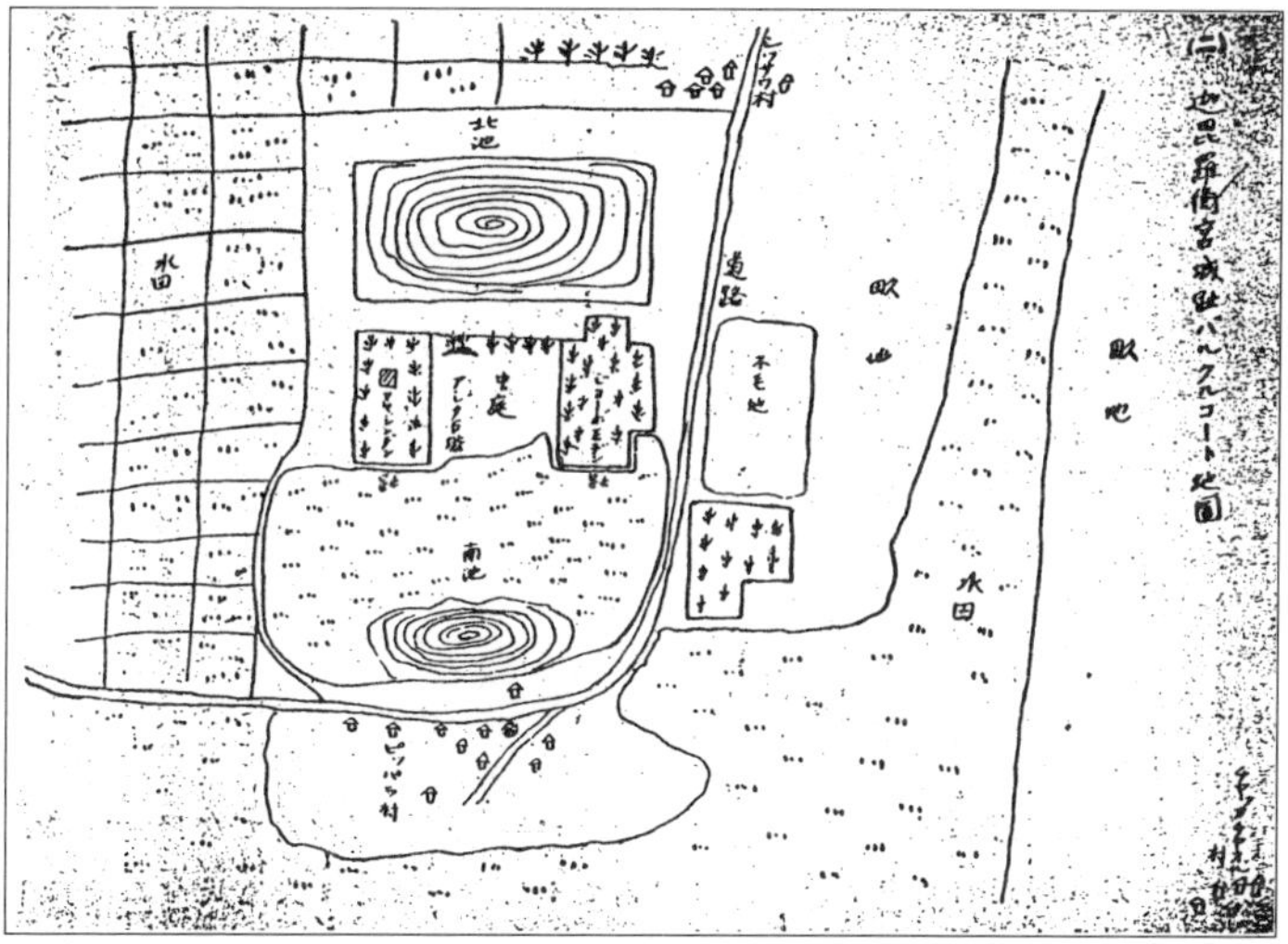

に此石柱を発見すること能はざりしが、別に他方面なるタウリハバー市の東北二哩余のニガリサーガルと称する大池塘の辺に於て拘那含牟尼仏遺身塔の銘文有る阿育王立の石柱を発見して還れり。尋で翌年再び同氏は拘那含牟尼仏辺身塔の発掘をネパール政府に勧告せんとして彼地に出発せしが又再び先の石柱竝に仏塔の所在不明と為り其目的を失せり。仍つて同氏は更に東方バガバンプール町に往き此北方ルーミンデヴヰーに於て復更に仏誕地嵐毘尼園の銘文在る阿育王立石柱を発見せり。之れ実に同氏が聖迦毘羅衛城跡を探尋する宝蔵の秘鍵なりき。茲に於てか同氏は大に喜び直に西南に往きて聖城跡を尋ぬ。又中間の叢林南方のアヒラウリ（Ahirauli）村シウナガル（Siunagar）村及び北方のジヤグデイスプ

ール（Jagdispur）村等を捜索し（Progress Report for 1897, P. 4）又タウリハバー市の西南方二哩のゴテイワ（Gotiwa）とロリクダーン（Lorikudan）とを発見し、此等を以て拘楼孫仏本生城竝に舎利の石柱と推測せり（Kaehcanga Baeghaie Birth-Place）然れど終に適当なる聖城趾を発見するに至らざりき、越えて西紀千八百九十七年（明治三十年）同氏は再三ネパール国に入り終に同国政府の当路者を動して発掘の許可を得、拘那含牟尼仏の石柱所在地ニガリサーガルの西方二哩の地点に在るサーガルワー（Sagarwa）の古塔を発掘し、西紀千八百九十七年十一月より翌千八百九十八年三月まで五箇月間其発掘事業に従事し、夥多の古甎を以て成れる塔基中より緑玉数珠紅玉黄金の龍及び骨片等を含める多種の宝壺を発掘せり。仍つて同氏は此サーガルワを以て聖迦毘羅城趾ならんと仮定せられたり、然るに彼報告書中往々涅造説を加え敢て事実を誣ふる者有りとして英政府の非難を被り職を退くの止む無きに至りしも、同氏の栄誉有る此等仏跡発見の功勲は到底千載不磨のものたるべし。茲に於てかムカルジー氏彼に代りて同地方に派遣せられ先のサーガルワを以て釈種殺戮の跡と断じ、更に此地の南方二哩に在るテラウラコートを以て聖城趾と仮定し、フユーレル氏の説終に貶せらるゝに至れり。

因に最初新聞の報道に係るネパールガンジ附近の阿育王立石柱所在地は、曽てヴヰンセントスミス氏迦毘羅衛城趾の北方に移り仮定せらるゝに至り、舎衛城趾亦北方に転ぜずんば有るべからずとして此附近を探尋し、多くの古塔趾を発見して之れ舎衛城趾ならんと推定せられたり、而して先の石柱は刻文不明なりしが如し。然れど予は依然サーヘトを以て舎衛城趾としマーへトを以て祇園精舎の跡なりと思考せる者なるが、今日発掘の跡より考ふるもサーヘト、マーヘトたる事終に動すべからざるもの在り。仍つて予はネパールガンジの塔跡竝に石柱を以て西域記の（舎衛）「大城西北六十余里にして故城有り是れ賢劫中人寿二万歳の時迦葉波仏本生城也」と在る法顕伝の所謂都維邑に相当すと思考せり。

四　ムカルジー氏の聖城仮定地

印度人プールラチャンドラムカルジー氏はビンセントスミス氏指導の下に西紀千八百九十九年（明治三十二年）ネパール国領タライ地方に派遣せられ、諸処探尋の結果テラウラコート（Tiraura-Kot）の地を発見し、尋で此地を発掘し古塔の塁壁竝に塔基等数多の古建築物の跡を林中古池の辺に発見し、終に此地を以て聖城趾と仮定し、先にフユーレル氏仮定のサーガルワを以て釈種殺戮の遺跡と推定せられしなり。従つて同氏はロリクダンの塔基を以て聖城南尼拘律樹林の遺跡と為し、ピツパラワコート仏骨発見地を以て箭泉塔趾と仮定せり。然れど此ロークダーンはムカルジー氏聖城仮定地テラウラコートより南方三哩即ち唐代の里程に換算すれば約十五里を距つるの地西域記の城南三四（唐）里との所録に合せず、又ピツパラワコートはテラウラコートより東南九哩即ち唐里の約四十五里なれば距離少しく遠きに過ぐるの失有り、且つ此聖城仮定地テラウラコートより嵐毘尼園即ちルーミンデヴヰーへ東南約十三哩（唐里約六十五里日本五里半）に当れば、西域記の聖城東南三十（唐）里の箭泉より更に東北八十（唐）

里と謂へるを換算し、聖城より嵐毘尼園へ東々北約六七十唐里即ち十哩弱と為り、法顕伝の聖城東五十（晉）里（八哩余）にして論民即ち嵐毘尼園に至ると曰ふ東方若くは東々北と指示する両記に合せず。加ふるに法顕伝の舎衛城より東南行十二由延（約八十四哩）を往きて拘楼孫仏塔石柱所在地ゴーテイワに詣し、尋て北方減一由旬（約七哩弱）を歩みて拘那含牟尼仏塔竝に石柱所在地今のニガリサーガラに礼し、更に道を東方に転じ減一由旬（約七哩弱）にして聖城趾に達せしと曰ふ道程に相ひ反せり。故に予はカンニングハム氏の説は勿論フユーレル氏ムカルジー氏等の聖城仮定地に全然同意すること能はざるなり。

五　法顕玄奘両記に於ける聖城方隅の一致

近世に於ける印度考古学者の仏跡に関する者多く法顕伝と西域記とを以て重要の典拠と為せり。然るに此聖迦毘羅衛城趾の位置方隅に関し両者の記事少しく齟齬を生じ、従つて此聖城の方隅に関し諸説紛々として起れり。カンニングハム氏は法顕伝に憑り、フユーレル氏ムカルジー氏等は西域記に拠る故に嵐毘尼園石柱拘那含牟尼仏石柱及び拘楼孫仏石柱と認めらるゝ者竝に釈種奉埋の仏骨塔ピッパラワコート等確実なる仏跡既に発見せられ、此等諸仏跡の間距離僅に六七里の区域に介在し、猶未だ玄法両記に合するが如き満足なる解決を見ざるは、両記孰れか此聖城趾に関し現行本中写誤の存ずるや必せり、然らざれば他の多くの仏跡に於て両者略相ひ一致せるに此所に於てのみ相違在りとは到底信ずる能はず、縦令法顕三蔵所指の方位は視覚応見なるにせよ大体に於て誤謬無きは実際に照して諸学者の許す所なり。故に此聖城趾の記事両者共に一致を見ずんば在るべからず。然れば西欧の学者も亦夙に此見を抱き往々両記中一二字を改訂して両者の融和を計らんと努むる者有り。然るに一も猶未だ吾人の首肯に足る者無し之れ西人漢文に親しからざるの致す所亦止むを得ざるなり。予昨秋此地方に巡礼し実査の結果亦其感を同ふせり。若し両記の文章一字一句も誤謬無き者と仮定せば、既明の事実たる嵐毘尼園、拘楼孫仏塔、拘那含牟尼仏塔等を起点とし両記を両用して進まんか終に其帰着する所を知らざるべし。然れど法顕伝の記事は如上確定せる仏跡の間距離方隅最も善く実地と相応せり。而して此伝は西域記の舎衛より迦毘羅城、拘楼孫仏塔より拘那含牟毘仏塔、迦毘羅衛城より嵐毘尼園等へ到る距離方隅等略相ひ一致せるも唯迦毘羅衛城より拘楼孫仏塔に到るの方位に於て頗る異あり、然れど其距離に於ては異無し。之れ法顕伝は拘那含牟尼本生塔より聖城を東方（正くは東南方なり、理由如下）減一由旬（七哩弱）とし、西域記は北方五十余里（八哩強）とせるに因るなり、而して今此両記中相ひ聯関せる余の確実なる諸仏跡に照して法顕伝の東方説は西域記より有力なるを知る。従つて西域記の此間方位に何等か誤謬の存せざるべからず。然り而して法顕伝の指示せる方位の北は是れを実否に照すに多くの場合磁石針に依る正確なる北方に非ずして今日猶俗間に襲用せるが如く一系を為して横れるヒマラヤの大山脈を以て北方の標準とし磁石針を所持せざりし者の如し、之れ実にヒマラヤの連峰は嶄然として高く北辺の雲間に聳え、白皚好く北際の目標とするに足ればなり。予も亦屢此例に習ひて方隅の正確を誤りし事有りしが曽遊の士は亦其感を同ふする者在らん。然るに玄奘三蔵の指示せる方位に於ては写誤の存せざる限り頗る正鵠を得たり、此師恐くは磁石針を携帯せられし者ならん。故に法顕三蔵の方位の傾斜は此聖城附近に以て最も然り、之れ此地方に於けるヒマラヤ大山脈が西北より東南に側斜して走るに因る、故に此附近の或一地点に立ちてヒマラヤ大山脈を垂直に眺むる時は其視線は正北に非ずして東北方に近きを示せり。之れ最初の入竺者法顕三蔵の誤認せられし所ならん。是に依つて他の方位を準例移動し法顕伝を読まば彼の方隅西域記と略相ひ一致するを知らん。例せば法顕伝の拘楼孫仏塔の那毗伽邑より拘那含牟尼仏に至る方位を示して北方減一由旬（約里三十五里弱）とせる者西域記に東北行三十余（唐）里とし、又彼伝舎衛城より迦葉仏本生城を指して城西五十（晉）里とせる者西域記に於ては大城の西北六十余（唐）里と示せるが如し。故に是れに準せば法顕伝の拘那含牟尼仏塔より迦毘羅衛城に至る道程の東行減一由旬は正方の東南約七哩弱に相当すべし。然るに西域記は反対に迦毘羅衛城より拘楼秦仏塔那毘伽邑（拘那含牟尼仏塔の南々西約四哩の地）に至る道程を城南行五十余里と記せり。若し之れを那毘伽邑より迦毘羅衛城に至る道程に換算せば北行五十余（唐）里（約十哩強）となりて聖城は殆どヒマラヤ山地に位し嵐毘尼園に至るの方位東南となりて全く自語相違の失在るに至らん。故に知る此間西域記に写誤在らんことを仍つて今法顕伝に準拠し西域記を改訂せんか迦毘羅衛城より「城南行五十余里至故城（中略）迦羅迦村駄仏本生城也（中略）城東南窣堵波有彼如来遺身舎利前建石柱（中略）無憂王建焉」縮蔵・致七・二十九右八、堀氏解説（西域記四三〇頁四行初）とせる南行は西行と成るなり。之れ南行の南字は西字の写誤ならん、思ふに南西両字劃稍相ひ似たれば往古写伝の間写誤を来せし者ならん。若し斯の如く城南行を城西行と改訂せんか彼行程を逆転して那毗伽邑より迦毘羅衛城へ東方五十余里となり法顕伝の東行減一由旬と曰ふに相ひ一致するを見ん而して法顕伝の方隅が正北に非ずして東北に傾斜すとせんか、東方は正東南方となり、従つて西域記の城南行は正くは西北行と改訂せずんば有るべからず、然れど一字を二字の写誤と為すことは他に有力なる証左有らざる限り即断すること能はざるを如何にせん。

今玆に読者の便ならんが為に両記の本文を示さん、「高僧法顕伝」は普通「法顕伝」若しくば「仏国記」と称し居るも法顕三蔵自らは「東晉沙門釈法顕自記遊天竺事」と号する者にして「縮冊蔵経」致秩六に収めたり。此は之れ同三蔵が西紀三百九十八年より四百十六年まで十八箇年間を要して成れるの著なり、三蔵自云く尋て経し所を顧れば覚えず心動ぎ汗流る、危に乗じ険を履みて此形を惜まざる所以は蓋し是れ志専ら其愚直を存する所有ればなり。故に命を必死の地に投じ以て万一の冀を達す。是に於てか斯人以為へらく古今罕有なり。大教東流より未だ忘身求法顕の如き比有らずと。然して後知る誠の感ずる所窮否して通ぜざる無し、志の奨む所功業成らざるは無しと夫れ功業を成す者豈に夫の重しとする所を忘れ、夫の忘るべき所を重ずるが如き者に由らざらん哉。と自記せる一段躍如として三蔵を現ずるが如し。此文底観心を得たる玄奘義浄等の諸三蔵相ひ断ひて入竺者を輩出せる者亦故無きに非らざるなり、

「法顕伝」従舎衛城東南行十二由延到一邑名那毘伽是拘楼孫仏所生処父子相見処般泥洹処亦起塔従此北行減一由延到一邑是拘那含牟尼生所処父子相見処般泥洹処亦皆起塔従此東行減一由延到迦維羅衛城城中都無王民甚丘荒止有衆僧民戸数十家而已白浄王故宮処作太子母形像乃太子乗白象入母胎時太子出城、東門見病人、廻車還処皆起塔阿夷相太子処与難陀等撲象捔射処箭東南去三十里入地令泉水出後世人治作井令行人飲仏得道還見父王処五百釈子出家向優波離作礼六種震動処仏為諸天説法四天王等守四門父王不得入処仏在尼拘律樹下東向坐大愛道布施仏僧伽梨処此樹猶在瑠璃王殺釈種釈種死尽得須陀洹立塔今亦在城東北数里有王田太子坐樹下観耕者処城東五十里有王園園名論民夫人入池洗浴出池北岸二十歩挙手攀樹枝東向生太子太子堕地行七歩二龍王浴太子身浴処遂作井及上洗浴池今衆僧常取飲之（中略）迦毘羅衛国大空荒人民希疎道路怖畏白象師子不可妄行云云。

「大唐西域記」は普通単に「西域記」と称す。本書には三蔵法師玄奘奉詔訳と記するも果して斯の如き梵語の印度地誌とも謂つべき原本有りしやは疑問にして、若し存せしとするも开は「西域記」と全同の者たらざるや必せり。而して予按ずるに別に玄奘三蔵自記の印度旅行備忘録とも名くべき者在りしならん。是れに依り三蔵帰国後所述せし者を沙門辯機師の再治を施し文飾を加へし者ならん。故に西域記の佐郎敬氏の序に親く践む者一百一十国、伝聞せる者二十八国、或は事を前典に見或は名近代に始まる餐和飲沢せざる無しと曰へり、所謂前典は法顕伝を指せるか将た又別に一部の梵本地誌を将来せられし者ならん歟未だ容易に断ずる能はず、若し在りとするも开は全同の記事たらざるや明かなり。然り而して三蔵自記の旅行備忘録とも名くべき者現存せずと雖も、慧立師編纂の「大慈恩寺三蔵法師伝」即ち「慈恩伝」中の西域記行文は恐く三蔵自記の備忘録を採つて以て成文せし者ならんと思考せらるゝなり。

「西域記」（室羅伐悉底国）大城西北六十余里有故城（中略）迦葉波仏本生城也城南有窣堵波成正覚已初見父処城北有窣堵波有迦葉波仏全身舎利並無憂王所建也従此東南行五百余里至劫比羅伐窣堵国（註・旧曰迦毘羅衛国訛也中印度境）劫比羅伐窣堵国周四千余里空城十数荒蕪已甚王城頽圮周量不詳其内宮城周十四五里塁甎而成基跡峻固空荒久遠人里稀曠無大君長城各立主土地良沃稼穡時播気序無愆風俗和暢伽藍故基千有余所而宮城之側有一伽藍僧徒三十余人習学小乗正量部教天祠両所異道雑居

宮城内有故基浄飯王正殿也上建精舎中作王像其側不遠有故基摩訶摩耶（唐曰大術）夫人寝殿也上建精舎中作夫人之像其側精舎是釈迦菩薩降神母胎処中作菩薩降神之像上座部菩薩以温咀羅頞沙荼月三十日夜降神母胎当此五月十五日諸部則以此月二十三日夜降母胎当此五月八日菩薩降神東北有窣堵波阿私多僊相太子処菩薩誕霊之日嘉祥輻湊時浄飯王召諸相師而告之曰此子生也善悪何若宜下

悉乃正明言以対曰依先聖之記考吉祥之応在家作転輪聖王捨家当成等正覚是時阿私多僊自遠而至叩門請見王甚慶悦躬迎礼敬請就宝座曰不意大僊今日降顧僊曰我在天宮安居宴坐忽見諸天群従蹈舞我時問言何悦予之甚也曰大僊当知贍部洲中釈種浄飯王第一夫人今産太子当証三菩提円明一切智我聞是語故来瞻仰所悲朽耄不遭聖化

城南門有窣堵波是太子与諸釈角力擲象之処（中略）其側精舎中作太子像其側又有精舎太子妃寝宮也中作耶輸陀羅並羅怙羅像宮側精舎作受業之像太子学堂故基也

城東南隅有一精舎中作太子乗白馬凌虚之像是踰城処也城四門外各有精舎中作老病死人沙門之像是太子遊観覩相増懐深厭塵俗於此感悟命僕回駕

城南行（可改南字於西字）五十余里至故城有窣堵波是賢劫中人寿六万歳時迦羅迦村駄仏本生城也城南不遠有窣堵波成正覚已見父之処城東南窣堵波有彼如来遺身舎利前建石柱高三十余尺上刻師子像傍記寂滅之事無憂王建焉

迦維迦村駄仏城東北行三十余里至故大城中有窣堵波是賢劫中人寿四万歳時迦諾迦牟尼仏本生城也東北不遠有窣堵波成正覚已度父之処次北窣堵婆有彼如来遺身舎利前建石柱高二十余尺上刻師子之像傍記寂滅之事無憂王建也

塔東北四十余里有窣堵波是太子坐樹陰観耕田於此習定而得離欲浄飯王見

太子ノ坐シテ二樹陰一入二寂定一日光迴照シ樹影不ザルヲレ移ラ心ニ知リ二聖霊タル一ヿニ更深珍敬ス
大城ノ西北有リ二数百千ノ窣堵波一釈種誅死ノ処也毘盧釈迦王既ニ克テ二諸釈一虜二シ其族類一得二九千九百九
十万人一ニ並ビ従フ二殺戮一ニ積ムレヿ尸ニ如クレ莽ノ流シニ血成シレ池ニ天警シ二人心一ニ収レニ骸ニ瘞葬ス
誅釈ノ西南ニ有リ二四小塔波一四釈種拒ムレ軍ニ処ナリ初メ勝軍王嗣グヤレ位也求ム二婚釈種一ニ種釈鄙ミ二其非類一ニ謬リ
以テ二家人ノ女一ニ重礼メ婢ス焉勝軍王立テ、為ス二正后ト一其ノ産ヤレ子男是レニ為メ二毘盧釈迦王ト一毘盧迦釈王欲シ下就ニ
舅氏ニ請ヒレ益受ケントヒ二業ニ一至リ二此城南ニ一見ミ二新講堂ニ一即チ中ニ憩フレ駕ニ諸釈聞キレ之ヲ遂ニ而詈リ曰ク卑賤婢子敢テ
居スニ此室ニ一此室諸釈ノ建ツルヤ也擬スルナリト二仏居ニ一焉毘盧釈迦嗣グレ位ニ之後追セントメ二復先辱ヲ一便チ興シ二甲兵ヲ一
至リテレ此ニ屯スレ軍ヲ釈種四人躬カラ耕シ二畎畝ヲ一便即チ抗シ二拒兵寇ヲ一退散ス已ニシニ耐入ルレ城ニ族人以為ヘラク承ケ二輪
王ノ祚胤ニ一為タリ二法王之宗子一敢ニ行フ二凶暴ヲ一安ンゾ忍ンヤ二殺害ヲ一汗二辱セリトメ宗門ヲ一絶メ二親遠ヲ一放ツ四人被レニ逐北
趣キ二雪山ニ一一ハ為リ二烏仗那国王ト一一ハ為リ二梵衍那国王ト一一ハ為リ二呬摩呾羅国王ト一一ハ為リ二商弥国王ト一奕世伝ヘレニ
業ニ苗裔不レ絶ヘ

城南三四里ノ尼拘律樹林有リ二窣堵波一無憂王ノ建ツル也釈迦如来成シ二正覚ヲ一已ニ遠リレ国ニ見ヘ二父王ニ一為ニ説クレ
法ヲ処ナリ浄飯王知ル下如来降シ二魔軍ヲ一已ニ遊行化導スルヲ上情ニ懐ヒ二渇仰ヲ一思フレ得ント二礼敬ヲ一乃チ命メレ使ニ請フテ二如来ニ一
曰ク昔シ期ス三成仏セバ当ニレ還ル二本土ニ一斯言在リレ耳ニ来リ降セトレ趾ヲ使至リ二仏所ニ一具ニ宣ブ二王意ヲ一如来告テ曰ク却テ後チ
七日当ニレ還ル二本生ニ一使臣還リ以テ白スレ王ニ浄飯王乃チ告ケ二命ヲ臣庶ニ一灑掃シ二衢路ヲ一儲ケ二積ミ華香ヲ一与ニ二諸群臣ト一
四十里外ニ佇テレ駕ヲ奉迎ス是ノ時ニ如来与ニ二大衆一倶ナリ八金剛周衛シ四天王前導ス帝釈ト与トハ二欲界天一侍シレ
左ニ梵天ト与トハ二色界天一侍スレ右ニ諸苾蒭僧列在リ二其後ニ一維レ仏在リテレ衆ニ如ク二月ノ映ルガレ星ニ威神動シ二三界ヲ一光明

踰ユ㆓七曜ニ㆒歩シテ㆓虚空ヲ㆒至ル㆓生国ニ㆒王与㆓従臣ト㆒礼敬シ已畢テ倶ニ共ニ還リ㆑国ニ止ル㆓尼拘盧陀僧伽藍ニ㆒其側不メ㆑
遠カラ有リ㆓窣堵波㆒是レ如来於テ㆓大樹下㆒東面メ坐シ受ク㆓姨母カ金縷ノ袈裟ヲ㆒次ニ此ノ（此字恐北字之写誤）
窣堵波ハ是レ如来於テ㆑此度ス㆓八王子及ヒ五百ノ釈種ヲ㆒城東門内路ノ左。有リ㆓窣堵波㆒昔一切義成太子於テ㆑
此習フ㆓諸ノ技芸ヲ㆒門外有リ㆓自在天祠㆒祠中石天ノ像危然トメ起ツノ勢アリ是レ太子在リテ㆓襁褓ノ中ニ㆒所㆑入ル㆑祠ニ也
浄飯士自リ㆓臘伐尼園㆒迎ヘテ㆓太子ヲ㆒還ルヤ也途次ニアルノ天祠ナリ王曰ク此天祠多シ㆓霊鑒㆒諸釈童稚求ムレハ㆑祐ヲ必ス
效アリ宜ク㆘将ヒ㆓太子ヲ㆒至リ㆑彼修セシム㆖敬ヲ是時伝母抱テ而入ル㆑祠ニ其石天像起ツテ迎フ㆓太子ヲ㆒太子已出テ、天像
復ス㆑坐ニ

城南門外ノ路ノ左ニ有リ㆓窣堵波㆒是レ太子与㆓諸釈ト㆒角ベ㆑芸ヲ射ルトコロ㆓鉄鼓ヲ㆒従㆑此ノ東南三十余里ニメ有リ㆓小窣
堵波㆒其側ニ有リテ㆑泉泉流澄鏡ナリ是レ太子与㆓諸釈ト㆒強ヲ校ベ㆑能ヲ弦矢既ニ分レ穿チ㆑鼓ヲ過ギ㆑表ヲ至ツテ㆑地ニ没ス㆑
羽ヲ因ツテ涌カス㆓清流ヲ㆒時俗相ヒ伝ヘテ謂フ㆓之ヲ㆑箭泉ト㆒夫レ有ルモノ㆓疾病㆒飲沐スレバ多ク愈ユ遠方ノ人持チ㆑泥ヲ以テ帰リ
随ヒ㆓其所ニ㆒㆑苦ム漬シ以塗レバ㆑額ニ霊神冥衛多ク蒙ル㆓痊愈ヲ㆒
箭泉ノ東北行ケバ㆓八九十里ヲ㆒至ル㆓臘伐尼林ニ㆒有リ㆓釈種ノ浴地㆒澄清皎鏡ニメ雑華弥漫セリ其北二十四五歩ニ
有リ㆓無憂樹㆒今已ニ枯死ス菩薩誕生之処ナリ菩薩以テナリト㆓吠舎佉月後半八日ヲ㆒当ニ此三月八日ナル上座部ハ
則チ曰ク以テナリ㆓吠舎佉月後半十五日ヲ㆒当ル㆓此ノ三月十五日ニ㆒次ニ東ノ窣堵波ハ無憂王ノ所㆑建ツル一龍浴スル㆓太
子ヲ㆒処也菩薩生レ已テ不メ㆑扶ケ而行ク於テ㆓四方ニ㆒各十歩シ而自ラ言ツテ曰ク天上天下唯我独尊今茲ニメ而往生
分已ニ尽クト随テ㆓足ノ所ニ㆒㆑蹈ム出ス㆓大蓮花ヲ㆒一龍涌出シ住シテ㆓虚空ノ中ニ㆒而各吐ク㆑水ヲ一冷一暖以テ祠シ㆓太子ヲ㆒遂ニ
以テ浴洗ス其南ノ窣堵波ハ是レ天帝釈捧㆓接スル菩薩ヲ㆒処ナリ菩薩初メテ出胎スルヤ也天帝釈以テ㆓妙天衣ヲ㆒跪テ接ス㆓

菩薩一ニ次ニ有二リ四窣堵波一是レ四天王抱二持セシ菩薩一ヲ処也菩薩従二右脇一生レ已ルヤ四大天王以二テ金色ノ氈衣一ヲ捧二菩薩一ヲ置二キ金机上一ニ至二リテ母前一ニ曰ク夫人生二ム斯福子一ヲ誠ニ可二シ歓慶一ス諸天尚喜ブ況ヤ世人乎ヲヤ四天王捧二タルノ太子一ヲ窣堵波ノ側不レ遠カラ有二リ大石柱一上ニ作二ル馬像一ヲ無憂王ノ所レ建ツル也後チ為ニ悪龍ノ霹靂一ノ其柱中バヨリ折レテ仆レル地ニ傍ラ有二リ小河一東南ニ流ル土俗号メ曰二フ油河一ト是レ摩耶夫人産レシ孕ヲ已天化二ス此池一ト光潤澄浄欲令下夫人ヲメ取中沐浴上ヲ除二去ス風塵一ヲ今変メ為レル水ト其流尚膩一アブラギレリ云云

六　予が発見せし聖城跡

先哲カンニングハム氏フユーレル氏ムカルジー氏の聖跡仮定地に就て両三蔵の所録に照し未だ充分なる満足を表する能はざりしかば、昨大正五年十月六日を以てカルカツタ市を発足し、仏陀伽耶王舎城耆闍崛山鹿野苑拘戸那伽羅涅般地舎衛国祇園精舎等に巡礼し、尋でピツパラワコートの仏骨塔より尼印国境第三十八号の地点を踰へてネパール国に入り、バガバンプール町に佇りて仏誕地ルーミンデヴヰーに賽し更に西タウリハバー市に至り滞在すること旬日此間テラウラコート、ニガリサーガラ、ゴーテイワ、ロリークダーン等に参じ、更に法顕伝の指示する方位道程を取りてタウリハバー市より東南行し、バルガダガオン村ドパヒー村ラツナプール村バサンテイプール村シヨーラワー村等を経てピツパラ村に至りし時此村落の北端数丁の処に於てバルクルコートと称する古城趾を発見せり、之実に今の主題たる聖迦毘羅衛城趾と鑑定する所の者なり。然り而して此れを論証するに先んじ附近なる聖跡の実地を検せんに、仏誕生地なるルーミンデーヴヰーは阿育王立の石柱に明文を存じ其他遺物に照し終に動かすべからざる真跡なり。又ルーミンデーヴヰーより西北約十二哩余の地に在るニガリサーガラ（石柱池の義）も亦此地に現存せる刻文在る阿育王立の石柱に因りて拘那含牟尼仏塔地たること明なり。又此地より北西約六哩余の地なるゴーテイワ村の塔基並に阿育王立の石柱は刻文の箇所闕損して現場に存せずと雖も法顕伝西域記に対照するに距離方向共に相ひ一致すれば之れ拘楼秦仏塔の地たること明なり。次に此地より東南約七哩に位しルーミンデーヴヰーより西々南約十哩の地点に当るピツパラワコートは西紀千八百九十八年（明治三十一年）一月ウヰリアムペツペ氏に依りて発掘せられたるの地なり、其際大石棺中より五個の石壺の仏骨と諸霊宝とを盛れる仏教遺物を発見せり、就中仏骨を安置せし宝壺上には古梵字を以て「此れは仏世尊の舎利塔にして名誉有る釈種の兄弟及び其妻子等が共有する所の者なり」と記せり。此等の遺物は現在カルカツタ博物館に蔵し仏骨は暹羅皇室竝に我国日暹寺に奉安せらる。而して此コートの跡は三個の古建築物の塔基を遺し、又此処より約二町南々西の地に於て四個の塔基残存せり。今此地が斯く仏骨の奉埋及び多くの塔基残存に因りて考ふるも仏教史上重要の霊地たらずんば在るべからず、然るに今猶適当なる史蹟を附せざるは何んぞや。予玄法両記に照し鑑るに嵐毘尼園より西々南約十哩（唐里六十里）の地点に在る重要の仏跡は、尼拘盧陀僧伽藍か然らざれば迦毘羅衛城ならざるべからず、然れど王城の如き大規模の建築趾と認められざるも亦ムカルジー氏の考ふる箭泉の如き一小窣堵波に非ず、故に予は此ピツパラワコートを迦毘羅衛城南尼拘律樹林仏成道後帰見父王の地たる尼拘盧陀僧伽藍阿育王立塔仏受姨母袈裟衣度五百釈種塔等の所在地と鑑定せり。若し果して然りとせんか何故に玄法両記は仏骨奉埋の如き重要記事を逸せしならんか之れ万人の倶に疑問とする所なり、思ふに之れ一は古来阿育王既に八国の仏舎利塔を開発して諸国に分布せりてふ伝説に因り釈種奉持の仏骨塔の如き其在否を忽諸に附せしに依るならんも、又一は迦毘羅衛城東嵐毘尼園より東方五由旬（三十五哩）に在る藍莫国仏骨塔の如き阿育王の開発を脱れしも当時荒蕪人跡絶え龍象非類の守護する所と為りしが法顕三蔵入竺前近き時代に一頭陀行の比丘に依りて発見せられたる事実を記し、又迦毘羅衛国は大空荒にして人民希疎なり、道路怖畏白象師子あり妄に行くべからずと曰ひ、又玄奘三蔵は劫比羅伐窣堵国周四千空城十数荒已に甚しく王城頽圮して周量詳ならず（中略）空荒久遠にして人里稀曠なりと曰へば西紀第四世紀前久しきの間廃頽に任せしに因るならん。乃ち迦毘羅衛国は釈種誅殺後一時舎衛城に属せしが毘盧釈迦王焚死後阿闍世王の併呑する所となりしかば政権摩竭陀の王舎城に遷り、尋て阿育王の華氏城に都し迦膩色迦王の曲女城に君臨せし等相続ひて中土に大君主出でしかば迦毘羅衛国の如きは終に一辺城と化し、城南尼拘律樹林の諸塔中仏骨奉埋の縁起相承を断絶せし者ならんと思考せり。仍つて法顕玄奘両記の間少しく差異を存せり、之れ実に縁起相承の不確実を談る者に非ずして何ぞや。今繁を避けて其等を表示せんか左の如し、

法　顕　伝

（一）　仏得道還見父王処

(二) 五百釈子出家向優波離作礼六種震動処
(三) 仏為諸天説法四天王等守四門父王不得入処
(四) 仏在尼拘律樹下東向坐大愛道布施仏僧伽梨処此樹猶在
(五) ……………………………………………………

西　域　記

(一) 仏還国見父王為説法処無憂王立窣堵波
(二) 如来於此度八王子及五百釈種塔
(三) ……………………………………………………
(四) 仏大樹下東面坐受姨母金縷袈裟塔
(五) 尼拘盧陀僧伽藍

之れに依つて此を見るに法顕伝の(三)は西域記に無く、又西域記の(五)は彼に無し、又(二)は両記倶に存するも法顕伝は五百釈種の度を優波離とし西域記は更に八王子を附加して如来の自度となせり、是れ最も疑はしき点にして八王子の得度はロヒニー河に於てし五百釈種の得度は予の寡聞なる未だ之れ有るを聞かず、恐らくは是れ釈種奉埋の仏舎利塔より訛伝せる者に非ざる無きか、其孰れなるにせよ此仏舎利塔の両三蔵入竺当時既に相伝絶えたりしや必せり、故に両記に仏舎利塔の記事無きも其他に類推して此ピツパラワコートの迦毘羅衛城南近き尼拘律樹林諸塔の趾なりと推定せり。従つて此北十七八丁のバルクルコートを以て迦毘羅衛城内宮城の故地と鑑定する者なり。然り而して此バルクルコートの位置たるや尼英国境第四十五等の北方約七八丁に位するピッパラ村とシッサワ村との中間に在り、而して此地点は仏誕生ルーミンデーヴヰーより西々南約十哩（唐、約六十里）に当り、拘樓秦仏塔所在地ゴーテイワの東南約八哩（唐、約四十八里）に位し、尼拘律樹林塔と認むるピッパラワコートの北方一哩弱（唐、六里弱）の地点に在り。而して此バルクルコートの地形たる附近一帯は平地にして南はガンジス沿岸の大平原に連り北際は七八哩にして山林地帯に入り、此故城趾に立ちて之れを望めば、山巒重畳として連る山上更に千古の白雪を頂く大雪山巍然として雲表に聳え、東方にはシッスワ河の流れ近く南に注ぎて城外東南隅の小湖水に入り更に流れてラプテイ河に合し終に恒水に入れり。又幾多の河川平地を縫ふて灌漑し、沃野水田に富み豊草好く稔り最も稼穡に適せり。人情諄朴太古の民の如し然れど回教徒村は稍之に相ひ反せり。而して此宮城趾たるや稍凹字形に類し其凹所南面して南大池に臨み南北約三丁東西約六丁在り、又殿後北方にも大池ありて面積略宮城趾に同じ。南池亦面積北池に同じきも今は過半水田と化し、南端僅に其旧状を存せるのみ。而して此宮城趾は中央部の中庭と推測せらるゝ不毛の地を狭みて東西両部宮殿趾は現時悉くマンゴー（菴摩羅果）樹を植え好林を為せり。又中央部の北際に辺して東西に老大木の粗列在り、此列樹の西端なる者は丘陵状を成せる古甎の城趾上に生ひ菩提樹と尼拘律樹との角立せるを見る。又南池の東岸更に周五六丁の故基あり菴摩羅果樹を以て覆る。此に隣接せる北部の地五六丁亦不毛に等しき荒蕪の地にして或は故基ならんか、然らざれば土俗耕田尺土と雖も忽にせざればなり。又南池の南に臨めるピッパラ村は戸数三四十戸の回教徒村にして之れ亦古建築物の基礎に建てし者ならん。此村の北端に大井有り此井側に於て予は古彫の石像を発見せり、高さ約二尺にして下部闕損し詳ならざるも帝釈天像なるが如し、是れを土俗に問へば先年南池中の水田耕作中に発掘せし者なりと曰へり。而して此凹形の宮趾並に両池ピッパラ村等を囲繞して宮趾の塁壁存せし者の如し、未だ発掘を行はざれば詳細尽し難しと雖も略西域記に憑りて古跡を考ふるに凹形故趾の東部なる者は浄飯王の正殿趾にして後世精舎を其跡上に建て王像を安ぜし処、又西部の跡は摩耶夫人の寝殿跡にして後代精舎を造営し摩耶夫人の像を置き、其側ら釈迦菩薩降神母胎像安置処と曰ふに相応し。又中央部北辺西端の塔基は阿私多僊占相太子像に合致す、而して此中央部は印度建築の様式より考ふるに甎塁の広き中庭の跡ならん。次に南池の東方趾は政事堂若しくは侍臣の宿衛処の跡にしてピッパラ村には厨屋並に侍女の宿直所の存せしが如き位置に在り。而して今現状より推測するに迦毘羅衛宮城即ち内廓の城壁は南ピッパラ村より北シッサワ村に至り、西は西部摩耶の寝殿外より東諸館を抱擁して囲遶せし者の如く今水田に接せる城壁及び北壁の基趾のみ観取するを得べし。次に都壁城即ち外廓の跡今詳ならざるも西域記の周里より考ふるに東門はチヤツカチヤオル村の北約四五丁の地に存せし者ならん、此処は今猶堤坡状を為して南北に横れり又チヤツカチヤオル村の東北約二丁の処にイサワラと称する森あり、思ふにイサワラは梵語イーシユウワラ即ち大自在天の義なれば恰も東門外左路に在りしと考へらる丶天祠の跡ならん歟。次に南門は泥波羅印度国境界に沿へる叢林中なるが故に詳ならざるも恐くは泥印国境標柱第四十五号附近なるべく、北門はシッサワ村の北に位し、西門はシッサニア村附近に存せし者ならん。故にシッサニア村の北端に於てシッサニアコートと称する区域広き故塔趾在り。思ふに西門は舎衛城より入るの闕門に当れば毘盧釈迦王雪辱軍乱入の際西門外に駐屯し、四釈種の抗争雪辱の談判等此地に於て行れ、釈種は頑として舎衛城主の条件を入れざりし者の如く、従つて毘盧釈迦王の激怒を来し、終に戦慄すべき釈種の大殺戮を敢てせしが如し。其兇行の地こそ実に今此シッサニアコートに当る者にして、現状は古甎の破片既に細末となり一見恰も赤黄土の如く、其区域の広博なるより考ふるも往時数百千の小塔相ひ連りしを察し得べし。其他此地方には夥多の故基諸処に散在し西域記の仏塔故基千有余所と伝ふる者又過言に非ざるなり。此等に因りて之れを見るに今のバルクルコートの聖迦毘羅衛宮城趾たること愈明なり。

七　結　論

上来の所述たるや予の不文其意を得ざる所有らんも、又一方未だ此発掘を行はざれば充分に考古学的資料を提挙し、論証する能はざるに因る。予他日其意を得ばバルクルコートの発掘を行ひ所論の確実を証せんと欲するも、今暫く玄法両記の典拠に依憑し、此地の聖城趾たることを立証するのみ、之れ猶未だ靴を隔て丶痒を掻くの感無き能はざる所以なり。然り而してムカルジー氏の聖跡仮定たるテラウラコートを以て拘那含牟尼仏本生の大城趾ならんと仮定し、箭泉の趾塔は未だ発見せざるも英領印度に属せるビッパラワコートの南四哩なるバハッドラブール町の東方一二哩の地点に在らんと推測し、暫く余韻を佇めて此論を結ばん哉。

（大正六年二月二日　於印度甲谷陀記之）

（『大崎學報』第四六号、一九一七年）

本論文は岡教授が一九一七年二月二日にインドのカルカッタの寓居において脱稿されたもので、一九一七年五月十三日刊の『大崎學報』の巻頭に掲載された。本書に収めるにあたって整版の関係から「バルクルコート遠望及中庭」「ピッパラ村にて発見の古石像」の写真、及び「聖迦毘羅衛城附近現状地図」は残念ながら割愛せざるをえなかった。その後、本論文は岡教授の『印度佛蹟寫眞帖』（一九一八年十二月刊）に、一九一六年十月六日～十二月三十一日の「印度佛蹟巡禮記（第一回）」、一九一七年十月八日～十二月二十四日の「印度佛蹟巡禮記（第二回）」とともに収録された。

「南方佛教比丘」（ビルマ僧）の法服で「二個の大行李と写真器を携帯」しての八十数日の旅行の途次、一九一六年十一月二十日～二十三日の間にティラウラコットをはじめその周辺の遺跡を踏査して、カピラ城跡＝バルクルコート説を発表されたのが本論文であった。なお収録にあたっては新字体に改めた。

（坂詰）

二、カピラヴァストウはどこか

坂詰秀一

一

釈尊出家の故城―カピラヴァストウ（Kapilavastu）の所在地をめぐる問題は、一八七一年にA・カニンガム（A. Cunningham）が比定したナガル（Nagar）説[(1)]をはじめとして、タライ地域に存在する諸遺跡をそれと比定する多くの見解が公けにされてきた。

このカピラヴァストウの所在問題は、一八九〇年代にA・フューラー（A. Furrer）がアショカ（Asoka）石柱の探索と調査を実地するにおよんで、地名の比定から遺跡の比定へと、より具体性をもって論じられるようになった。フューラーは、一八九五年にニガリサーガル（Nigali Sagar）、九六年にルンビニー（Lumbini）及びゴーティワー（Gotihawa）において石柱を確認し[(2)]、カピラヴァストウの所在をめぐる確実な資料を見いだしたのである。フューラーのカピラヴァストウ所在地論は『大唐西域記』の記事に着目するとともに三本のアショカ石柱の位置関係に立論するものであった。

一八九七年十一月から九八年三月にかけてのサガルワー（Sagarwa）発掘も、カピラヴァストウをその地に確定することを目的として実施された意欲的な試みであった。

一方、一八九八年一月、W・C・ペッペ（W. C. Pepe）によってピプラハワー（Piprawa）から舎利壺を伴う塔跡が発掘され、カピラヴァストウをめぐる問題は一気に関係学界の注視を浴びることになった。

一八九九年にP・C・ムケルジー（P. C. Mukherji）は、V・スミス（V. Smith）の指導のもとティラウラコット（Tiraura Kot）を発掘し[3]、その地こそカピラヴァストウであり、フューラー発掘のサガルハワーは、釈迦族が殺戮された地に造立された塔跡である、との見解を公けにした。

このように一八九五年から九九年にかけて、タライ地域の考古学的調査はカピラヴァストウ比定遺跡をめぐって高揚したのである。

なかでも、ムカルジーによるティラウラコット説は、その後、長く関係学界の膾炙を得てきたところであり、それは一九六一年にD・ミトラ氏（D・Mitra）が、ティラウラコットを発掘したことによっても裏付けられるであろう[4]。

しかしながら、カピラヴァストウ問題は、有力な比定遺跡としてティラウラコット説が提唱されていながらも、確定にいたっていなかった。

蓋し、その最大の理由は、ティラウラコットをカピラヴァストウと確実視することの出来る遺物の出土が認められなかったことであり、さらに、釈迦関係銘文を有する舎利壺がピプラハワーより発掘されていたからであった。一九六一年にミトラ氏が実施したティラウラコットの小発掘の目的も、カピラヴァストウに関する資料を得ることであったが、それは達成されなかったのである。

一九六〇年代の後半から七〇年代にかけて、タライ地域の考古学調査は、実に七〇年ぶりに活気を呈した。

ティラウラコット(5)（一九六七年〜七七年）、ルンビニー(6)（一九七六年〜）、ピプラハワー(7)（一九七一年〜七四年）の三遺跡があいついで発掘され(8)、とくに、ピプラハワー出土の銘文資料は、カピラヴァストウ所在地論を確定したかに見えたのである。

確かにピプラハワー出土の銘文資料によって、一時はピプラハワーこそカピラヴァストウとする見解が流布し、前世紀以来の懸案も決着を見たかに感じられた。しかし、この問題を考古学の立場にたって考えて見ると、それは必ずしも解決されたのではなく、ピプラハワー説は、一つの比定説として理解せざるを得ないのである。

二

カピラヴァストウはどこか。ティラウラコットか、ピプラハワーか、将又、ほかの遺跡か。現在、カピラヴァストウ所在地論は混沌としている。ティラウラコットはネパール、ピプラハワーはインドに、それぞれ所在していることから「学問上の議論を超えて、民族問題・国際問題になってしまった観」[9]がある。

まさに正鵠な指摘である。[10]

カピラヴァストウ問題を考えるうえで重要なことは、ティラウラコットにしても、ピプラハワーにしても、確実な資料の認識から出発しなければならない。それぞれの遺跡が有している情報を正しく整理し、客観的に判断することが求められなければならないであろう。

すでに触れたように、ティラウラコットの発掘は、カピラヴァストウの確実な資料を求めて一九六七年に着手され、一方、ピプラハワーの発掘は、ティラウラコットの発掘に刺激されて一九七一年に着手された。

その結果、ティラウラコットは、東西約四五〇メートル、南北約五〇〇メートルの南北に長軸をもつ長方形状を呈する城塞遺跡であることが再確認された。周囲にレンガの壁をめぐらしているこの遺跡は、四つ以上の門、二つのタンク、八つの遺丘を有するもので、第七号丘の発掘によりマウリヤ期に遡ることが明らかにされたのである。遺跡の時期を決める土器は、N・B・P（北方黒色磨研土器）の出土が確認されたことは大きな成果であった。マウリヤ期を上限に、以降、シュンガ、クシャーナと連続する遺構の検出は、ティラウラコット遺跡の性格を考えるうえに重要であった。

城塞遺跡であり、かつ、釈尊の時代に遡りうる可能性が確認されたティラウラコット遺跡は、かつて、V・スミス、P・C・ムケルジーが考えたようにカピラヴァストウの有力な比定遺跡

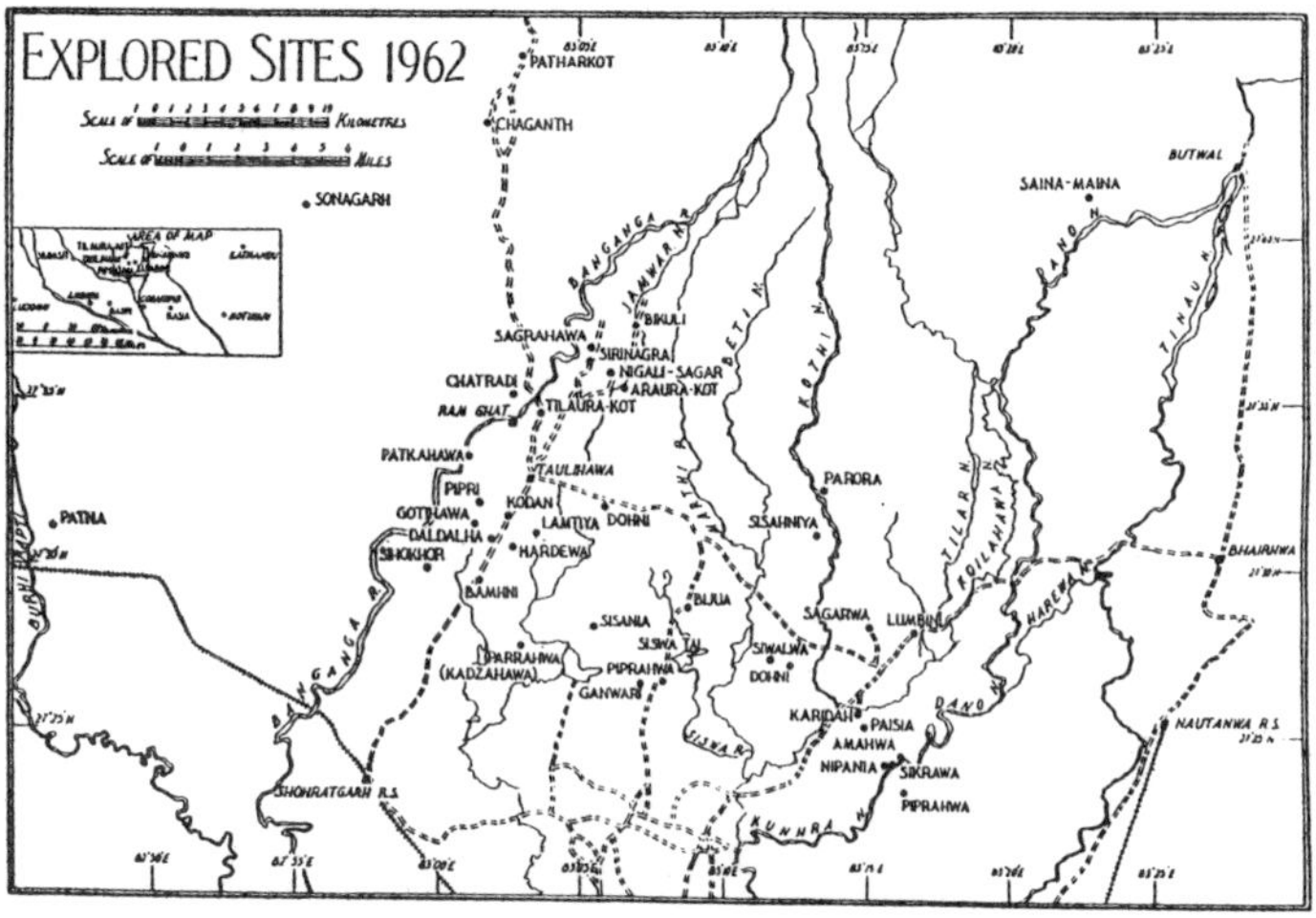

タライにおける遺跡の分布図（註４文献による）

であることがより明らかにされたのである。

タライの地域には、ティラウラコットのほか、規模の大きな遺跡として、すでにA・フューラーが発掘したサガルハワーなど十指を超える遺跡が存在している。それらのなかで、城塞遺跡と考えられる例は、アローラコット（Araura Kot）などが認められるが、N・B・Pを出土する城塞遺跡は、ティラウラコットとサガルハワーの二遺跡が知られているに過ぎない。アローラコットをはじめとしてタライに存在する城塞遺跡の造営年代については明らかではないが、一部の試掘調査の結果はクシャーナをほぼ上限とするものであることが知られた。しかし、このことを確実に認識するためには計画的な悉皆調査が必要であることは言うまでもない。

ただ、レンガの壁をめぐらし、なかに顕著な遺丘が存在し、かつタンクを有する遺跡としてはティラウラコットとサガルハワーを指摘し得るに止まることは明らかである。

サガルハワーについては、かつてのA・フューラーの報告が知られているが、その実態については明らかではない。管見によれば、かなりの規模のタンクを中心にその周囲に数カ所の遺丘が存在し、レンガの外壁がめぐらされていた。レンガ壁の内側には奉献塔婆かと考えられ、小さなレンガ遺構が散在していた状態が観察された。採集された土器は、ほとんどが赤色粗質土器でN・B・Pは見あたらなかった。

ティラウラコットの発掘着手の四年後、K・M・スリヴァスタヴア氏は、W・C・ペッペが発掘したピプラハワーの塔婆遺構の再発掘を実施した。

その結果、一九七二年に二個の舎利容器、七三年に東側僧院跡からテラコッタのシール四〇点以上を発見した。二個の舎利容器は、以前、ペッペが発掘し、蓋に銘文のある舎利容器と近似する形態のものであり、シールには「カピラヴァストウ」銘が認められた。ついで一九七五年には、塔婆遺構の南西約一キロに存在するガンワリヤ（Ganwaria）の発掘が実施された。

これらの成果中、とくにシールに認められた「カピラヴァストウ」銘の存在は重要であった。その銘文のなかで代表的なものには次のごとき銘が読みとれたと言う。

「Om Devaputra Vihára Kapilavastu-bhiksu-Samghasya」（オーム、この精舎はデーヴァプトラがカピラヴァストウ比丘僧伽に〔寄進するものである〕）

デーヴァプトラの文字の存在はシールがクシャーナ期の所産であることを示している。ここにおいてK・M・スリヴァスタヴァ氏は、ピプラハワーこそカピラヴァストウであるとの見解を主張するにいたったのである。

ピプラハワーこそカピラヴァストウであると言う意見は、すでに存在していたものの、銘文資料によるピプラハワー説の提唱はきわめて注目すべきものであった。

ピプラハワーは釈尊の舎利奉安の塔婆遺構の一つと考えられるが、その南西のガンワリアをカピラヴァストウの街跡と推定して発掘が実施された。しかし、発掘された遺構は、明らかに大・小の僧院遺構であった。

ティラウラコットとピプラハワーの発掘は、一八九〇年代のカピラヴァストウ探策調査を再現したかのごとき動きを示したものであった。カピラヴァストウの所在地を確認するという目的をもって実施された調査ではあったが、ティラウラコットがネパール、ピプラハワーがインドに位置している現状により、およそ学問とは異なる次元でこの問題が展開していくことになったのである。

三

カピラヴァストウをめぐる問題は複雑である。それはその所在地論が学問の枠を離れて、きわめて政治的な側面をもつにいたっているからである。

K・M・スリヴァスタヴァ氏とネパール考古局の研究者、インドとネパールの仏教者、それぞれの思わくは、感情的な対立となって表面化し止まるところを知らない(10)。

ティラウラコットの発掘を担当し、ピプラハワー発掘中の現地に何回か足を運んだ一人として、かかる問題はきわめて遺憾であると言わなければならない。すでに、この問題については、ティラウラコット発掘の責任者であった中村瑞隆博士(11)が、その時点における見解を披瀝されたことがあった。

ティラウラコットの調査研究は、いまだ終息していない。発掘調査によって得られた出土銘文資料をはじめとする膨大な情報については現在も検討中であり、近い将来、報告がなされることになっているので、それを待って中村瑞隆博士の総括的見解が公けにされるであろう。

一方、ピプラハワーについては、発掘を担当したK・M・スリヴァスタヴァ氏によって報告が公けにされているので、発掘の結果を知ることが出来る(12)。

カピラヴァストウはどこか。現在知ることの出来る資料を検討することによって、この問題を解決することはすこぶる難事であると言わざるを得ない。しかしながら解決に向けての見通しについて若干の管見を披瀝することは可能であろう。

その場合、まず論議さるべきことは、カピラヴァストウの理解についてである。普通、カピラヴァストウと言えば、釈尊出家の故城——カピラ城そのものを指す見方と、カピラ城とその周辺の地域を広く考える見方とがある。カピラ城と言えば、当然のことながら、城塞そのもののことであるが、城塞を含んだ空間——集落・耕地など——を意識すればそれなりの理解をしなければならないであろう。城塞それ自体が一つの構造体として地域の中心をなしていることは当然であるが、それと有機的な関係をもって存在していたであろう諸施設を看過することが出来ないのである。したがって、カピラヴァストウとは、カピラ城という構造物のみを指す、と限定して考えるよりも、広くカピラ城を中心として形成されていた一種の都邑のあり方を意識しておくことが肝要と考えるのである。

このように見てくると、カピラ城としての構造を有する遺跡は、ティラウラコットそしてサガルハワーの存在を無視するわけにいかなくなるであろう。サガルハワーについては、まだ調査が不十分でありその規模・構造の実態を明瞭に把握することは出来ないが、ティラウラコットは、周知のごとく城塞遺跡そのものである。それに対してピプラハワーは、塔婆と僧院より構成されている伽藍遺跡である。ピプラハワーの南西に存在するガンワリヤは、明らかに僧院の遺跡であることが明らかにされている。よって、城塞としての構造は改めて言うまでもなくティラウラコット（又はサガルハワー）に求めざるを得ない。ピプラハワーとガンワリヤは、ともに伽藍として理解されるのである。ガンワリヤ発掘の遺構と同構造のものは僧院としてのみ把握されることは言うまでもない。

これらの遺跡の年代については、現在、知られている土器の観察によれば、シュンガ期よりクシャーナ期にかけてのものが主体をなし、わずかにマウリヤ期のものをも含んでいる。かかる点は、ルンビニーにおける考古学的調査の結果ともほぼ一致するようである。

カピラヴァストウ問題に決着をつけた、と一部で称されている資料は、言うまでもなくシールであった。ピプラハワーから出土したシールに「カピラヴァストウ」銘が明らかに読みとれたものの、その時期は「デーヴァプトラ」表現からクシャーナ期以降のものであり、それ以前に遡ることの出来ない銘文であったのである。加えて、かかるシールは、遺物の性格から移動性のあるものであり、その地の地名と直結するものと断定することが出来ないのは当然のことである。シールの検出はきわめて重要な発見であったが、それのみによってカピラヴァストウ問題が一気に解決されたと称することは出来ないのである。

なお、ティラウラコットより出土した遺物のなかにすでに報告されているごとく地方駐在官の存在を暗示する銘文資料などが含まれていることが注目される。その時期は伴出土器よりクシャーナ期と推察されるものであり、クシャーナ期において、タライ地方の中心地が少なくともティラウラコットを含む地域に求められることが明らかにされているのである。

このように見てくると、広義のカピラヴァストウは、ティラウラコット、サガルハワーが存在するバーナガンガの左岸を西の限界として、その東方に広く展開する沃野を基盤として形成されていたものであろう、と考えられるのである。さすれば、ルンビニーは勿論、ピプラハワー、ガンワリアもカピラヴァストウの範囲に含まれた地域として理解されるのである。そして、カピラヴァストウが「城塞」そのものを指すとするならば、バーナガンガ川左岸に存在する城塞遺跡をそれに充てることこそ、もっとも蓋然性に富む解釈といえるであろう。

タライにおける考古学的調査は、一八九〇年代に着手され、七〇年の中断をへて、一九六〇年代から七〇年代にかけて高揚した。現在、七〇年代の調査結果が整理されつつある一方、ルンビニーを中心とする発掘調査が軌道にのりつつある。

ピプラハワーにしても、ティラウラコットにしても、さらに、ルンビニーにしても、それらは、タライにおけるマウリヤ期からシュンガ期をへてクシャーナ期にかけての遺跡の一つのあり方を示しているものである。

カピラヴァストウをめぐる問題の帰結は、タライにおける遺跡群の悉皆的調査の実施によって展望が開けてくることであろう。

註

（1）A. Cunningham "*The Ancint Geography of India*" (1871)

（2）A. Fuhrer "*Antiquities of the Buddha's Birth-Place in the Nepalese TARAI*" (*Archaeological Survey of Northern INDIA*, Vol. VI. 1897)

（3）P. C. Mukherji "*Antiquities of Kapilavastu Tarai of Nepal*" (*Archaeological Survey of India, No. xxvI, Part 1 of the imperial Series*, 1901)

（4）D. Mitra "*Excavations at* Tiraura-kot *and* Kudan" (1972)

（5）Rissho University "Tilaura Kot—*Nepal Archaeological Research Report, Vol II*—" (1978)

(6) B. K. Rijal "*Excavation, Exploration and other Archaeological Activities in* Tilaurakot: *1972 ~ 73*" (*Ancient Nepal 22, 1973*), "*Archaeological Activities in Lumbini* 1976 ~ 77" (*Ancient Nepal* 30-39, 1975~1977)

(7) K. M. Srivastava "Discovery of Kapilavastu" (1986), "Buddhas Relics From Kapilavastu" (1986)

(8) 坂詰秀一「ティラウラコット遺跡とルンビニー遺跡—タライにおける二仏教遺跡の発掘—」(『佛教藝術』一七九、一九八八)

(9) 前田専學博士『ブッダを語る』(上) 六三頁 (一九九二)

(10) カピラヴァストウをめぐる問題について、近年、中村元博士は、適切な評論をされている。『ゴータマ・ブッダ』I (中村元選集〔決定版〕第十一巻、原始仏教I、一九九二年)。一般向きには『ブッダ入門』(一九九一年)にも同趣旨が述べられている。しかし、一部には遺跡の現状を視察することなく恣意的に紹介しているものも見られることは残念である。よって、この問題に係った一人として若干の私見を述べておくことも必要であろう。

(11) 中村瑞隆博士「カピラバスト発見記について」(『大法輪』四三—八、一九七六)、「ピプラハワ発掘の今昔と問題点」(『印度学仏教学研究』二五—二、一九七七)

(12) 前掲註(7)。"*Indian Archaeology 1972-73, -A Review,*" (1978), "*Indian Archaeology 1973-74, -A Review*" (1979), K. M. Srivastava "Kapilavastu *in Basti District of V. P.*" (*A reply to the challenge to the identification of* Kapilavastu. 1978)

(『立正史学』第七三号、一九八五年)

あとがき

立正大学名誉教授・中村瑞隆先生（立正大学元学長）は、立正大学が派遣したネパール仏教遺跡調査団の団長としてティラウラコット遺跡の発掘を遂行された。一九六七年から七七年にいたるⅧ次の発掘は、ティラウラコット遺跡の重要性を世界の学界に発信させる業績を挙げられたのである。しかし、その間、ネパール政府の総合政庁（カトマンドウ）が全焼し、政庁内の考古局に保管されていた出土遺物などの大半が焼失するという悲運に見舞れ、発掘調査の報告書も予期した内容を盛ったものとして上梓することが叶わなくなったことは、先生ご自身はもとより、関係の学界にとっても誠に不幸なことであった、といわなければならない。

発掘の終了後、報告書の完成（図版編は、一九七八年に出版）に心を痛めておられた先生の心情を人一倍知る立場にあった私にとっても、それは常に脳裡に去来していたが、このたび、不充分ながらも、今は亡き久保常晴先生をはじめ発掘調査に参加した加藤邦雄氏などのフィールド・ノートをもとに、報告書の本文編を二十二年ぶりに公けにすることができた。

そこで、この機会に、ティラウラコット遺跡の発掘をほとんどお一人で企画され、発掘を実行された中村先生が、調査の進行中のときどきに新聞などに寄稿された文章を一書にまとめさせて頂くことにした。この企ては、中村先生の教え子である立正大学学園の田賀龍彦理事長のご賛同をえて実現することができた。本書の刊行によって中村先生がティラウラコット遺跡の発掘調査に如何に情熱を傾注されていたかがよく判るであろう。ただ、何分にも二十数年以前の記事であり、先生の現在のお考えとは必ずしも同じではないであろうが、諸般の事情より当時の記述をそのまま掲載させて頂くことにした。ご無礼を深くお詫び申し上げなくてはならない。

本書に収められた文章によって、先生の釈尊に対する篤い信仰の発露が、調査中の言辞に秘められていることを改めて感じるのである。いま、立正大学の企画した「釈尊出家の故城―カピラ城跡」を探る調査は、ネパールのタライ平原に関係学界の注視を集め、「生誕の地―ルンビニー」の整備とともに改めて世界の仏教徒の熱い視線をうけているが、大学としてカピラ城跡を探究する企ては、実は、一九一〇代に発していたのである。

一九一五（大正四）年から一七（大正六）年にかけて日蓮宗が岡教邃氏（立正大学教授）をインド・ネパールに派遣し、釈尊の遺跡調査を命じたことは意外に知られていない。岡教授は、日蓮宗管長（小泉日慈猊下）の下命をうけ、インド滞在中に梵語の研究を続けながら釈尊の諸遺跡を二回にわたって訪れ、親しく調査を実施された。とくに、タライの地の調査に努力を注がれ、カピラ城跡をバルクルコート（Barkurwa kot）遺跡に比定するなど独自の見解を示された。

そこで、この度の中村先生の著作に岡教授のレポートを付載させて頂くことにした。これによって中村先生の企てが、決して思い付き的なものではなく、立正大学のインド調査の積年の念願であったことが理解されるであろう。岡教授の見解は、カピラ城跡の所在地論に一石を投じたもの、と言えるが、日本語で執筆されたこともあって世界の関係学界に注目されることがなかったのが惜しまれる。改めて識者のご参考になれば岡教授もさぞかし喜ばれることと思う。

また、近頃、私なりに考えているカピラヴァストウ問題に関する一文を草したことがあるので、あわせて末尾に、付載させて頂いた。

本来であれば、中村先生に現在のカピラヴァストウ問題についてのご高見を新たにご執筆して頂くことが望まれるが、それが叶わないのが残念でならない。カピラ城跡探究の歴史と先生ご自身の見解の一端については、『TIRAURA KOT』I（二〇〇〇年刊行予定）に披瀝されているのでご参看を頂ければ幸甚である。

なお、ティラウラコット遺跡の調査に参加させて頂いた一人として、先生の果敢な実行力と発掘調査についての英断に改めて敬意を表したいと思う。

先生のご健勝を祈念申し上げつつ筆をおきたい。

（坂詰秀一）

■著者紹介■

中村瑞隆（なかむら・ずいりゅう）

1915年　青森県八戸市に生まれる
1941年　立正大学文学部仏教学科卒
　　　　立正大学仏教学部教授、法華経文化研究所長、立正大学学長を歴任
現　在　立正大学名誉教授　文学博士
主　著『蔵和対訳究竟一乗宝性論』『梵漢対照究竟一乗宝性論』『成唯識論演秘』『現代語訳　法華経』（上・下）『ほんとうの道　法華経』
編　著『梵文法華経写本集成』『法華経の思想と基盤』『TILAURA KOT』
共　著『梵字事典』

釈迦《しゃか》の故城《こじょう》を探《さぐ》る—推定カピラ城跡の発掘

2000年7月20日発行

著　者　中村瑞隆
発行者　長坂慶子
発行所　雄山閣出版株式会社
〒102-0071
東京都千代田区富士見2-6-9
Tel. 03-3262-3231(代)
印刷所　永和印刷株式会社
製本所　協栄製本株式会社

ISBN4-639-01693-X　C1022